탄소중립으로 지구를 구해요

탄소발자국

탄소중립으로 지구를 구해요

탄소발자국

펴낸날 2021년 9월 10일 개정판 1쇄
2022년 8월 25일 2쇄

펴낸이 강진균

글 • 우명원

그림 • 박로사

편집 • 디자인 편집부

마케팅 변상섭

제작 강현배

펴낸곳 삼성당

주소 서울시 강남구 선릉로 747 삼성당빌딩 9층

대표 전화 (02)3443-2681 **팩스** (02)3443-2683

출판등록 1968년 10월 1일 제2-187호

ISBN 978-89-14-02049-9 (73810)

본 저작물은 저작권법에 따라 보호를 받는 책이므로 무단 전재와 무단 복제를 금합니다.

※ 파본은 바꾸어 드립니다.

추천사

기후 변화를 이해하고
실천하는 어린이가 되길 바라며

　이산화탄소로 대표되는 지구온난화 문제는 오늘을 살고 있는 지구인 모두가 반드시 해결해야 할 중요한 과제로 떠오르고 있습니다. 문제의 심각성을 깨닫고 전 세계는 온실가스 배출량을 감축하기 위해 적극적인 행동에 나서고 있는데, 1997년 12월에 교토의정서를 채택했고, 2008년부터는 그것에 입각하여 온실가스 감축을 행동으로 옮기고 있습니다.

　그러나 안타깝게도 온실가스 감축을 통한 지구온난화 문제 해결은 우리가 살아 있는 동안 이루어질 수 없을지도 모릅니다. 왜냐하면 대기 중에 배출된 이산화탄소가 대기에서 없어지기 위해서는 무려 150년이라는 긴 시간이 필요하기 때문입니다. 그런데도 사람들은 아무렇지 않게 오늘도 온실가스를 직·간접적으로 배출하고 있으니 걱정입니다. 우리나라에서도 기후 변화로 인한 생태계 변화가 빠르게 진행되고 있는 것을 볼 수 있습니다. 1년에 한 마디만 자라던 소나무 가지가 두 마디씩 생장해 마디 수로 나이를 헤아리기 어렵게 되었습니다. 봄부터 초여름 사이에 자라던 소나무 가지가 늦여름에 다시 생장했기 때문입니다. 이렇게 정해진 생장 기간을 벗어나 자란 어린 가지는 미처 월동 준비를 못한 채 추운 겨울을 맞아 말라 죽는 현상도 나타나고 있습니다. 그런가 하면 벚꽃

　의 개화일은 1900년대 초와 비교할 때 보름 이상 앞당겨졌습니다. 또한 아고산대에 자리 잡고 있는 우리나라 특산 식물인 구상나무의 숲은 온대 식물들에 밀려 눈에 띄게 감소했습니다. 이제 우리의 코앞으로 다가온 기후 변화 문제를 해결하기 위해 우리 모두가 나서야 할 때입니다. 그러기 위해서는 우선 어린이들의 노력이 필요합니다. 우리 어린이들이 먼저 실천하고 부모님들도 함께 실천할 수 있도록 한다면 기후 변화 문제는 해결의 실마리를 풀 수 있을 것입니다.

　《탄소발자국_탄소중립으로 지구를 구해요》는 어린이들이 기후 변화를 알기 쉽게 이해하도록 쓴 동화입니다. 이 책을 읽고 나면 어렵게만 느껴지던 기후 변화가 쉽게 느껴질 것이며 어린이 스스로 문제를 해결하고 싶은 마음이 들 것입니다. 부디 지구온난화 문제에 관심이 많은 모든 어린이들에게 기후 변화 문제를 이해하고 그 해결 방안을 찾아 실천하도록 하는 귀한 책이 되기를 바랍니다. 아울러 국립공원이나 국립생태원, 우포늪 등 다양한 생태 현장을 직접 찾아가서 기후변화가 생태계에 미치는 영향과 그 해결을 위해 어떤 방안이 있는지 알아보고, 생태적인 감각도 키워 가길 바랍니다.

　　　　　　　　　　　서울여자대학교 생명과학부 교수 **이창석**

더 늦기 전에 행동해야 합니다

　우리 몸에는 너무나 당연하지만 기적 같은 엄청난 것이 많습니다. 눈썹과 머리털은 불과 몇 cm 밖에 떨어져 있지 않지만 자라는 것은 전혀 다릅니다. 만약 눈썹이 머리카락처럼 자란다면… 상상하기 조차 싫습니다. 앞으로 과학기술이 아무리 발달하더라도 로봇이 결코 사람의 역할을 그대로 할 수 없습니다. 그만큼 사람의 몸은 정교하게 만들어졌고 매우 신비한 존재입니다.

　자연도 마찬가지입니다. 식물은 동물처럼 이리저리 움직일 수 없기에 양분을 직접 만드는 특별한 능력을 지녔습니다. 그것도 흔하디흔한 햇빛과 물과 이산화탄소만을 가지고 말입니다. 그렇게 만든 양분으로 자신은 물론 지구의 모든 생명체 에너지인 양분을 공급합니다. 더욱 놀라운 일은 광합성을 하면서 공기 중의 이산화탄소는 흡수하고 산소를 밖으로 내보내는 것입니다. 만약 식물이 산소를 흡수하고 이산화탄소를 내보내는 광합성을 한다면 우리 사람들과 동물들은 정말 큰일이지 않습니까?

그런데 사람들은 지구의 생명을 지켜주는 식물들이 살고 있는 숲을 지금도 아무렇지 않게 망가뜨리고 있습니다. 지구의 허파라고 불리는 아마존 유역의 숲이 갈수록 파괴되고 있는 것이 대표적인 예입니다. 우리 주변에서도 길을 내고 아파트와 공장 등을 짓느라고 숲이 점점 없어지고 있는 것을 어렵지 않게 볼 수 있습니다. 지난 100년 동안 이런 일이 지구 곳곳에서 마치 경쟁하듯 벌어지고 있습니다.

또한 우리가 먹고 입고 자고 생활하는 모든 것은 크고 작은 에너지를 필요로 합니다. 그 에너지는 대부분 석탄이나 석유와 같은 화석연료를 통해 얻습니다. 화석연료는 땅속에 묻힌 동물과 식물이 퇴적층 사이에서 백만 년 이상 오랜 기간 압력을 받아서 만들어진 탄소 덩어리입니다. 사람들이 캐내지 않으면 땅속에 있어야 할 석탄과 석유가 밖으로 나와 에너지로 이용되고 그 결과 엄청난 양의 탄소가 매연과 배기가스 형태로 공기 중에 방출되었습니다. 이렇게 공기 중에 이산화탄소량이 많아지게 되면 아주 심각한 일이 생기게 됩니다. 이산화탄소와 같은 온실기체는 지구의 복사열이 지

구 밖으로 나갈 때 붙잡는 역할을 하는 데 양이 많은 만큼 더 많은 열을 잡아두기 때문입니다. 당연히 지구의 온도는 올라가게 되는데 이것을 '지구온난화'라고 하고 이런 이유로 지구 곳곳에서 '기상이변'이 일어나자 학자들은 이것을 '기후변화'라고 하였습니다. 요즘은 더욱 심각해지자 '기후위기'라는 말을 씁니다.

지금도 세계 곳곳은 전염병, 폭염, 가뭄, 홍수, 산불 등으로 엄청난 어려움을 겪고 있습니다. 만약 우리가 기후위기를 해결하지 않으면 앞으로 치러야 할 대가가 상상할 수 없는 엄청난 재앙일 수 있습니다. 그래서 더 늦기 전에 나서야 합니다. 방법은 탄소 배출을 줄이고 숲을 늘리는 것입니다. 요즘 나오는 '탄소중립(Carbon Neutral)', '탄소제로(넷제로 Net Zero)'라는 말도 다 그것을 실천하자는 것입니다.

이 책은 그것을 돕는 작은 안내서라 할 수 있습니다. 동화이지만 그저 재미로만 읽을 수 없는 오늘 우리의 상황이 너무 안타깝습니다. 적어도 이 책을 읽은 친구들만큼이라도 더 나아가 가족들까지도 함께 탄소 배출을 줄이는 작은 일 한 가지라도 당장 행동할 수 있기를 기대합니다.

  끝으로 일부 내용을 수정하여 다시 출판할 수 있도록 인도하신 하나님께 감사를 드립니다. 아울러 다시 이 책이 세상에서 빛을 볼 수 있도록 재출간해주신 도서출판 삼성당에 감사드립니다.

글쓴이 우명원

차례

어린이 녹색 캠프 첫째 날
아주 특별한 캠프로의 초대　　16

어린이 녹색 캠프 둘째 날
이산화탄소가 남긴 발자국　　47

어린이 녹색 캠프 셋째 날
무서운 **도깨비 아저씨**　　78

어린이 녹색 캠프 넷째 날
사고뭉치삼총사　　100

어린이 녹색 캠프 다섯째 날
아이들이달라졌어요　　124

지구환경 탐구생활　154
에코노트 만들기　171
에코가방 만들기　174
태양열 오븐기 만들기　177

어린이 녹색 캠프 첫째 날
아주 특별한 캠프로의 초대

도시는 아침부터 후텁지근한 공기로 꽉 차 있었다. 온몸이 끈적거리고 답답했다. 모자를 푹 눌러쓴 가람이 이모와 가람이, 친구 태양이는 짜증이 가득 밴 얼굴로 전철역 앞에서 서성이고 있었다. 약속 시간이 30분이나 지났지만 한결이는 보이지 않았다.

"저기, 온다!"

가람이가 가리키는 손끝 너머로 한결이가 헐레벌떡 뛰어왔다.

이모와 세 아이들이 '어린이 녹색 캠프'에 참가하기로 한 것은 일주일 전 일이었다.

"한결 엄마! 여름방학 하면 혹시 한결이 여기 안 보낼래?"

가람이 엄마와 태양이 엄마는 한결이네 집에 들어서자마자 한결이 엄마의 눈앞에 신문을 펼쳐 보였다.

"우리 가람이는 아토피가 너무 심하잖아. 시골에서 하는 캠프니까 아무래도 공기도 맑고, 또 반찬도 고기보다는 건강에 좋은 산나물, 채소로 만들지 않겠어? 이번 여름방학에는 아토피 걱정 좀 안 하고 싶어서 보내려고."

한결이 엄마가 신문을 읽고 나서도 망설이자 가람이 엄마가 적극적으로 나섰다.

"좋긴 좋은 것 같은데, 학원은 어쩌지?"

"캠프에서 환경에 대해 공부한다잖아. 요즘 환경이 대세야. 대학 입시에서도 환경 문제가 꼭 나온대."

태양이 엄마도 질세라 거들었다.

"그래? 그러고 보니 우리 한결이는 편식을 고쳐야 돼. 아무래도 그곳에서는 군것질 못 할 테니까 밥을 잘 먹겠지?"

"그렇지. 그리고 가람이네 이모가 캠프 선생님하고 친구라서 같이 가 준대. 그래서 우리 태양이도 안심하고 보내는 거야."

태양이 엄마의 말에 한결이 엄마는 고개를 끄덕이며 한결이를 어린이 녹색 캠프에 보내기로 마음먹었다.

이모는 캠프 버스에 올라 머리를 조아리며 사람들에게 늦어서 죄송하다고 했다. 버스 안은 캠프에 참가하는 학생들과 보호자로 함께 온 어른들로 꽉 차 있었다. 이모와 아이들은 맨 뒷좌석으로 가서 자리를 잡았다.

"이모, 나 캠프 가면 1만 원 주기로 했던 거 잊지 말아요!"

좌석에 앉자마자 가람이는 다시 한 번 이모에게 다짐을 받았다.

"서가람, 같이 캠프 가는 대신 PC방 쏘기로 한 거 잊지 마."

태양이가 가람이의 옆구리를 툭 쳤다.

"어휴, 게임도 못 하고 이게 뭐야. 그래도 학원은 안 가서 좋다."

태양이가 한숨을 푹 쉬었다.

"여러분, 안녕하세요? 저는 어린이 녹색 캠프를 진행하는 교사 이미란입니다. 우선 설문지를 나누어 드릴 테니 각자 체크해 보시기 바랍니다."

버스가 슬슬 출발하자 이미란 선생님은 설문지를 나눠 주었다.

사람들은 설문지에 얼굴을 박고 글을 읽어 나가기 시작했다.

설문지 (해당되는 곳에 ∨ 표시하세요.)

1. 채소보다 고기를 좋아한다.	예	아니오
2. 엘리베이터를 타면 늘 닫힘 버튼을 누른다.	예	아니오
3. 음식을 잘 남긴다.	예	아니오
4. 컴퓨터를 잘 켜 둔다.	예	아니오
5. 물을 틀어 놓은 채 양치질을 한다.	예	아니오
6. 새 물건을 잘 사는 편이다.	예	아니오
7. 조금만 더워도 에어컨을 켠다.	예	아니오
8. 냉장고 문을 잘 여닫는 편이다.	예	아니오
9. 걷기보다는 자동차를 이용하는 편이다.	예	아니오

" '예'라는 대답이 4개 이상 나오신 분은 어린이 녹색 캠프에 잘 오신 겁니다!"
가람이와 태양이, 한결이는 9개 모두 '예'에 동그라미를 쳤다. 세 아이들은 캠프에 억지로 온 터라 어디 가서 무엇을 하는지는 잘 몰랐다가 캠프에 잘 왔다는 선생님의 말에 눈을 반짝였다.

아이들은 캠프에 호기심을 보이기 시작하며 참가자들의 인사말을 들었다.

가람이 이모는 직장 때문에 못 온 언니 대신 조카 아토피를 치료하려고 캠프에 왔다고 소개했다. 참가한 아이들과 어른들의 인사가 끝나고, '투모로우'라는 영화를 봤다.

기후학자 홀 박사는 지구온난화 때문에 북극의 온도가 높아져 빙하나 높은 산의 눈이 녹아 바닷물의 염분 농도를 떨어뜨리고, 그로 인해 바닷물의 큰 흐름인 멕시코 난류가 멈춰 버리게 되면 대기 온도가 급격히 떨어져 지구가 빙하로 뒤덮이는 대재앙이 올 거라고 경고했다. 하지만 아무도 홀 박사의 말에 귀를 기울이지 않았고 결국 도시는 빙하로 뒤덮였다. 공교롭게도 홀 박사의 아들이 도시로 여행을 갔다가 빙하에 갇히게 되는데, 홀 박사가 목숨을 걸고 아들을 구한다는 내용의 영화였다.

"나는 커서 기후학자가 될래."

멋있는 영화 속 주인공을 생각하며 가람이가 말했다.

"기후학자? 텔레비전에 나와서 날씨 알려 주는 사람인가?"

태양이가 고개를 갸웃거리며 물었다.

"그건 기상캐스터지. 영화에 나온 홀 박사가 기후학자였잖아. 기후학자는 기후를 연구하는 사람 아닐까?"

한결이도 잘 모른다는 듯 말을 얼버무렸다. 태양이는 답을 찾아내려는 듯 생각에 빠졌다. 아이들이 떠드는 소리를 듣고 있던 선생님이 마이크를 잡으며 말했다.

"기온, 비, 눈, 바람의 대기 변화를 30년에서 100년 이상 살펴보는 게 기후학자고, 한 달 내의 대기 변화를 살피는 게 기상학자예요. 즉 기후는 오랜 기간에 걸쳐 나타난 날씨의 평균 상태를 말하고, 기상은 대기의 현재 상태, 즉 날씨를 말해요."

모두들 '아' 하며 고개를 끄덕였다.

"지구온난화가 점점 심해져 영화 같은 일이 일어날지도 모르지요. 캠프 기간 동안 지구를 생각하는 어린이들이 되기를 바랍니다."

선생님은 안전벨트를 맨 채, 머리를 가운데 통로로 돌려 머리를 내미는 아이들을 바라보며 말했다.

"예, 그럼요."

"많이 알려 주세요."

아이들보다 어른들이 더 호응을 하면서 신이 나 보였다. 아이들 대부분은 캠프에 가는 것이 귀찮은 듯 점점 낯설어지는 바깥 풍경만 내다보았다.

한참 후 버스가 푸른 논밭이 펼쳐지는 시골길로 들어서자 사람들이 하나둘 창문을 열고 바람을 쐬기 시작했다.

'어린이 녹색 캠프에 참가한 여러분을 환영합니다!'

마을 입구에 걸려 있는 현수막이 참가자들을 반겨 주었다.

쨍한 햇볕에 눈이 부셔 사람들은 모자를 쓰거나 손으로 얼굴을 가리며 버스에서 내렸다.

길 왼편에는 개천이 보였고, 오른편에는 키 큰 해바라기가 노랗게 웃고 있었다. 푸른 하늘에는 뭉게뭉게 구름이 떠 있었다. 사람들은 너도나도 시골의 맑은 공기를 들이마셨다.

"이따 개천에서 물놀이하자."

가람이가 이마에 번질거리는 땀을 닦으며 말했다.

"그래, 잠자리도 잡자."

태양이가 빙그르 머리 위를 맴도는 잠자리를 잡으려고 헛손질을 했다.

마을회관으로 가는 길에 세 아이들은 신이 나서 이것저것을 구경하느라 걸음이 뒤처졌다.
"늦으면 돈 없어. 빨리 와."
이모가 재촉하자 아이들은 마을회관을 향해 뜀박질했다.
마을회관에 들어서자마자 가람이는 한달음에 달려가 구석에 있는 선풍기를 틀고 얼굴을 갖다 댔다.
태양이는 냉장고 문을 열고 벌컥벌컥 물을 마셨다. 태양이 다음은 가람이, 가람이 다음은 한결이, 한결이 다음은 다른 아이들이 뒤따라 마시느라 냉장고 문은 한참 동안 열려 있었다.
"짐 풀고 마당으로 모이세요."
선생님의 말이 떨어지자마자 아이들은 재빨리 마당으로 모였다.
선생님 말을 안 들으면 벌금이 있다는 얘기는 진작부터 알고 있었기 때문이었다. 아이들이 빠져나간 빈방에는 선풍기가 빙글빙글 돌아가고 있었다.
아이들이 팽개친 가방을 일일이 정리하던 이모가 선풍기를 끄며 말했다.

"어때, 데려올 만한 아이들이지?"

"그래. 삼총사가 얼마나 달라질지 기대가 되는데?"

이모와 선생님은 서로를 보며 미소를 지었다.

어린이 녹색 캠프에서 지켜야 할 규칙

1. 마을 주민들에게 불편을 끼치지 않으며, 농산물에 피해가 가지 않도록 조심한다.
2. 장소를 이동할 때는 걸어서 다닌다.
3. 식사는 마을에서 생산된 농산물을 재료로 한다.
4. 냉·난방기는 될 수 있으면 사용하지 않는다.
5. 일회용품 사용을 절대 금한다.
6. 휴대전화, 노트북, 텔레비전, 청소기 등 전자제품을 사용할 수 없다.
7. 불가피하게 에너지를 사용할 때는 탄소화폐를 지불한다.

선생님은 캠프에서 지켜야 할 규칙을 알려 주었다. 특히 휴대전화를 못 쓴다는 말에 아이들이 앓는 소리를 했다.

"미리부터 걱정하지 말고 한번 해 보세요. 지내다 보면 전자 제품이 없어도 불편함을 느끼지 못할 거예요. 어린이 녹색 캠프에서는 에너지를 최대한 적게 쓰고, 어쩔 수 없이 썼다면 그만큼 친환경 활동을 해서 탄소 배출량을 제로로 하는 '탄소 중립' 활동을 해야 합니다. 캠프 마지막 날에는 그동안 모은 탄소화폐로 마을에서 직접 기른 농산물을 살 수 있습니다."

똑 부러지는 선생님의 설명에 사람들은 순순히 전자 제품들을 꺼내 놓기 시작했다.

"이모, 탄소가 뭐예요?"

가람이가 이모에게 귓속말로 물었다.

"글쎄, 이제 알게 되겠지."

항상 손에 들고 있던 휴대전화가 없어지자 아이들은 총을 빼앗긴 군인들처럼 멍하니 서 있었다.

그 마음을 아는지 모르는지 선생님은 엽전처럼 생긴 탄소화폐를 나누어 주었다. 아이들은 처음 보는 돈이 신기한지 이리저리 만져 보았다. 때죽나무로 만들었다는 흰색 화폐는 1000원짜리 화폐, 다릅나무로 만들어서 가운데 어두운 색이

들어간 화폐는 5000원짜리 화폐였다. 참가자들은 탄소화폐를 똑같이 1만 원씩 받았다.

마을회관 입구에는 탄소화폐를 내야 할 때와 받아야 할 때가 적힌 커다란 종이가 게시판에 붙어 있었다.

탄소화폐 사용법을 대충 읽어 본 가람이가 다짜고짜 손을 들었다.

"왜 탄소화폐를 받을 때보다 내야 할 때가 더 많아요?"

"맞아 맞아."

가람이의 말에 아이들의 볼멘소리가 여기저기에서 흘러나왔다.

"쓰기는 쉬워도 벌기는 어려운 게 돈이거든요. 그렇죠, 부모님들?"

선생님이 어른들을 바라보며 질문을 하자, 어른들은 싱글싱글 웃으며 고개를 끄덕였다.

"선생님, 5일 동안 생활하는 데 1만 원 가지고는 부족하지 않을까요?"

그때 한 아주머니가 조심스럽게 물었다.

"조금만 부지런해지면 돈 쓸 일은 별로 없어요. 너무 걱정하지 않으셔도 될 거예요."

확신에 찬 선생님의 말에 사람들은 모두 조용해졌다.

"탄소화폐 사용법은 지금부터 시작하는 거죠?"

"가람이는 조금 전에 선풍기 튼 것이 마음에 걸리나 봐요? 그런데 튼 것보다 끄지 않고 나온 것이 더 문제지요. 어쨌든 몰라서 그런 거니까, 딱 한 번만 봐줄게요. 그럼 지금부터 시작합니다. 모두들 짐 풀고 마을회관으로 모이세요. 점심 식사를 하겠습니다."

조별 방 배정표를 따라 참가자들이 흩어졌다. 마을회관 방이 모자라 마당에 텐트가 몇 개 쳐졌는데, 이모와 세 아이들이 들어간 다람쥐조가 제비뽑기로 텐트 하나를 쓰게 되었다.

"1만 원 줬으니까, 약속 지켰지?"

마을회관 안에 있던 가방을 텐트로 옮기면서 이모가 말했다. 엽전 꾸러미 같은 탄소화폐를 뱅뱅 돌리던 가람이가 말도 안 된다는 표정으로 이모를 쳐다보았다.

"캠프에서는 탄소화폐도 돈이고, 내가 주겠다는 말은 안 했잖아. 하지만 너를 캠프에 데려오기 위해서 속인 건 있으니까 탄소화폐를 벌면 진짜 돈으로 바꿔 줄게."

이모는 선심 쓰듯 말하고 텐트 안으로 들어갔다.

"우리 돈 많이 벌어서 이모한테 탄소화폐를 진짜 돈으로 바꿔 달라고 하자. 그 돈으로 PC방 어때?"

"좋아, 제일 적게 모은 사람은 1등한테 몰아주기!"

"오케이!" 뒤에서 들려오는 세 아이들의 말을 듣고, 이모는 설레설레 고개를 저으며 한숨을 폭 내쉬었다.

얼마 후 마을회관 한쪽에 천막을 달아서 만든 임시 식당으로 사람들이 줄을 섰다.

"강아지들 배고플 텐데 어여 와라."

음식을 퍼 주는 할머니 한 분이 아이들을 맞았다.

"할머니, 반찬이 다 웰빙이네요."

이모가 식판을 할머니 앞으로 내밀며 말했다.

"그럼~. 약은 하나도 안 뿌린 웰빙이여. 많이 먹고 도시의 나쁜 기운은 쏙 빼고 가그라."

반찬을 보고 좋아하는 어른들과 달리 아이들의 표정은 어두웠다.

"고기반찬은 하나도 없고 다 풀이네. 우리가 소도 아니고."

가람이가 반찬 투정을 하자 이모가 얼른 말을 가로챘다.

"네가 고기를 이렇게 좋아하니까 날씨가 점점 더워지잖아!"

"날씨가 더운 것과 내가 고기 좋아하는 것이 무슨 상관인데요?"

"상관이 많지!"

"상관 있으면 이유 하나라도 대 봐요! 거봐, 못 대잖아요."

"요즘 애들은 맹랑하구먼. 엄마한테 말대꾸하고."

"할머니, 엄마가 아니고 이모거든요?"

걱정스러운 눈으로 바라보는 할머니에게 가람이는 괜히 투덜거렸다.

"이 녀석아, 조용히 하고 반찬이나 얼른 담아!"

이모가 타박을 주자 가람이는 마지못해 깨작거리며 반찬을 담았다. 이모와 함께 나무 그늘에 앉은 아이들은 좀체 숟가락을 들지 않고 음식을 바라만 보았다.

"김치가 진짜 아삭하다. 고사리나물은 부드럽고, 양념 비결이 뭐지? 도토리묵은 환상이다~."

이모는 반찬을 먹을 때마다 연달아 감탄했다.

처음에는 잘 먹지 않던 가람이는 배고픈지 밥을 먹기 시작했다. 하지만 태양이는 김에 밥만 좀 싸 먹다가 음식을 남겼다.

마침 참가자들이 밥 먹는 것을 둘러보던 선생님은 그것을 보고 말했다.

"음식물은 되도록 남기지 마세요. 우리는 하루에 1톤이 넘는 음식 쓰레기를 버리는데, 아프리카 어린이들은 하루에도 수만 명이 굶어 죽고 있어요."

선생님의 말에 가람이와 태양이는 숟가락으로 밥을 열심히 퍼 먹기 시작했다. 열심히 밥을 먹는 두 아이들을 보며 한결이는 찔끔했지만 더 먹다간 토할 것 같아서 음식을 남긴 채 쓰레기통 앞에 섰다.

"음식 남기면 벌금 1000원이에요."

한결이는 탄소화폐를 하나 꺼내 아까운 듯 천천히 벌금함에 넣었다.

"아깝다, 나 줬으면 내가 다 먹었을 텐데. 음식 쓰레기통에 아프리카 아이들 사진을 붙이면 음식 쓰레기가 많이 줄겠다, 그렇지?"

가람이는 한결이가 낸 탄소화폐를 아쉬워했다.

"너는 가끔 다른 사람은 생각하지 않고 막말을 하더라."

날카로운 태양이의 말투에 가람이는 어리둥절한 표정으로 멀뚱히 바라보았다.

"너는 음식 쓰레기를 줄이는 것만 생각하고 배고픔에 시달리는 아프리카 아이들의 입장은 생각하지도 않니?"

그제야 상황을 파악한 가람이는 할 말이 없어서 머쓱해했다. 서로 어색해진 두 친구는 더위가 폴폴 올라오는 땅만 무심히 바라보았다.

"난 설거지 안 해!"

"왜 안 해? 자기가 먹은 것은 자기가 하는 거래."

가람이가 심통이 나서 설거지를 안 하려고 하자 태양이가 다시 나섰다. 수돗가에 앉아 이 광경을 지켜보던 이모가 가람이에게 어서 설거지하라고 손짓했다.

"기름기가 묻은 그릇을 쌀뜨물에 씻으면 음식 찌꺼기도 금방 떨어지고 냄새도 없이 깨끗하게 씻겨요. 설거지는 되도록 쌀뜨물로 하고 그릇을 씻을 때는 물을 받아서 쓰세요. 그러면 10퍼센트 이상의 물을 절약할 수 있어요."

선생님은 아이들 사이사이를 돌며 물 절약 방법을 일러 주었다. 설거지가 끝나 가자 선생님이 박수를 치며 사람들을 집중시켰다.

"자, 마무리해 주세요. 다음은 조별로 에코노트를 만들 거예요. 탄소화폐가 걸린 거 알죠? 뒷정리하고 나무 그늘로 모이세요."

탄소화폐라는 말을 듣고 장난치던 아이들이 조용해졌고, 어른들도 슬슬 뒷마무리를 했다.

"우리 생활에서 나무로 만든 것들은 무엇이 있나요?"
"종이."
"휴지."

"종이컵."

"책."

"나무젓가락."

아이들의 목소리가 여기저기에서 튀어나왔다.

"맞아요. 우리나라가 1년 동안 소비하는 종이 양은 800만 톤으로, 이것을 큰 트럭에 실으면 100만 대나 되는 엄청난 양입니다."

"트럭 100만 대요?"

한결이가 놀라자 선생님은 기다렸다는 듯이 말을 이어 갔다.

"더 놀랄 일은 이 종이를 만들기 위해서 자그마치 1억 3600만 그루의 나무가 베어진다는 사실이죠. 이것은 국민 한 사람 한 사람이 1년마다 3그루의 나무를 심어서 이 마을회관 높이가 되게끔 길러야 하는 엄청난 양이지요."

아이들은 선생님이 가리키는 2층짜리 마을회관 건물을 보고 입이 떡 벌어졌다.

선생님은 각 조별로 에코노트를 만드는 데 필요한 이면지, 송곳, 가죽끈을 나눠 주었다.

"종이 1톤이 나오려면 30년생 나무 17그루가 필요해요. 나무 1그루로 59킬로그램의 종이를 만드는 거죠. 오늘 나무 1그루와 같은 A4용지 크기의 이면지 4박스를 챙겨 왔어요. 이면지를 활용하는 것은 곧 나무를 보호하는 일이에요. 방금 나눠 준 이면지를 가지고 예쁜 에코노트를 만들어 보세요."

이모는 이면지를 반으로 접었다. 태양이는 크게 만들겠다며 이면지를 접지도 않고 종이를 한 주먹 쥐었다.

"구멍을 어떻게 내려고?"

가람이가 태양이를 못마땅하게 바라보았다.

"이 정도 좋이면 어린 소나무쯤 되려나?"

태양이는 가람이의 핀잔에도 아랑곳하지 않고 도톰

한 손으로 송곳을 쥐었다.

"공책에 쓸데없이 그림 넣지 말고 몇 살 먹은 나무인지 나이테 무늬를 넣으면 좋겠다."

태양이가 혼잣말처럼 중얼거렸다.

"그거 좋은 생각이다!"

가람이가 자신의 생각에 동의하자 태양이는 금세 기분이 좋아졌다.

"태양아, 한 번에 하지 말고 조금씩 뚫어."

한결이는 구멍을 뚫느라 낑낑대는 태양이를 보고 이모한테도 들리게끔 일부러 크게 말했다. 성미 급한 태양이는 한결이가 일러 준 대로 한두 번 해 보다가 빨리 끝내고 싶은 마음에 다시 통째로 뚫으려고 했다. 보다 못한 옆 조 아주머니가 구멍을 뚫어 주고 끈도 묶어 주었다.

태양이는 가람이의 에코노트도 아주머니에게 도움을 받으려고 했는데 가람이는 싫다며 혼자서 했다. 그래서 에코노트가 헐렁헐렁하게 묶어졌다.

결국 조별 발표에서 다람쥐조는 순위 안에 들지 못했다. 한결이는 그것이 괜히 고집을 부린 가람이와 에코노트를 두

껍게 만든 태양이 때문이라는 생각에 혼자 속상해했다.

세 아이들은 에코노트 만들기를 끝내고 평상에 나란히 누웠지만 아무 말도 하지 않았다. 파란 하늘에 주황빛 노을이 물들어 가고 있었다. 잠자리 무리가 바람을 타듯 너울너울 하늘을 날아다녔다.

"한결아, 우리 물놀이하러 갈래?"

가람이가 벌떡 일어나며 말했다.

"그래, 우리 같이 잠자리 잡으러 가자."

태양이도 거들었다. 한결이는 못 이기는 척 따라 일어났다. 어느새 야속했던 마음이 눈 녹듯 사라졌다.

아이들은 서로서로 어깨동무를 하고 개천으로 갔다. 돌 밑에서 가재를 잡고, 납작한 돌을 물 위로 던져 물수제비도 떴다. 돌아오는 길에는 마을 구석구석을 기웃거리며 매미와 잠자리, 장수풍뎅이, 나비를 신 나게 쫓았다. 옷은 흙으로 범벅이 되었다.

"너희들 옷이나 빨아 주러 내가 왔는지 알아?"

이모는 인상을 쓰며 마을회관으로 돌아온 아이들에게 빨리 씻으라고 닦달을 했다.

"다 씻으려면 5분이 넘어서 탄소화폐를 내야 할 것 같은데. 이모, 나 개천에서 씻을래요."

가람이가 윗도리를 벗다 말고 말했다.

"해 다 졌어. 찬물에 씻다가 감기 걸리면 누구 고생시키려고. 안 돼! 5분 안에 씻던가, 돈을 내던가. 무조건 욕실에서 씻어."

이모는 억지로 가람이의 옷을 벗기려 했지만, 가람이는 순순히 벗지 않으려고 두 손을 웅크리며 버텼다. 서로 지지 않으려는 두 사람을 보고 한결이가 말했다.

"내가 돈 내줄게."

한결이의 말에 가람이는 얼른 옷을 벗고 욕실로 들어갔다. 태양이도 질세라 따라 들어갔다.

개운하게 씻고 나온 세 아이들은 저녁을 먹기 위해 식당으로 갔다. 배가 고픈 태양이와 가람이는 어른들이 먹는 만큼 비빔밥을 받았다. 배가 불러도 벌금을 안 내려고 불뚝 나온 배를 두드리며 꾸역꾸역 다 먹었다. 하지만 한결이는 쌉

쌀한 채소를 골라내며 다 먹지 못해 또 벌금으로 탄소화폐를 냈다.

저녁 자유 시간에는 참가자들이 삼삼오오 둘러앉아 수다를 떨었다. 마당에는 모기를 쫓는 쑥불이 피워져 향긋한 쑥 냄새가 마을회관 주위를 감돌았다.

"게임하고 싶다."

태양이가 잠자리에 누우며 말했다.

"우리 무서운 이야기나 할까?"

한결이가 햇볕에 살이 탄 팔을 두드리며 말했다.

"그럼, 내가 진짜 무서운 이야기를 해줄게."

아토피 때문에 온몸이 부스럼투성이인 가람이가 배를 북북 긁으며 말했다.

아이들은 텐트 안에 드러누워 자신이 알고 있는 무서운 이야기를 꺼내기 시작했다. 그러나 얼마 지나지 않아 텐트 안은 조용해졌고 누구인지 모르지만 드르렁드르렁 코 고는 소리가 텐트 밖까지 새어 나왔다.

마을회관의 방에서는 아이들은 자고 어른들끼리 모여 이야기꽃을 피우고 있었다. 그 틈에서 이야기를 듣고만 있던 이모는 재미가 없는지 마당 텐트로 들어갔다. 그리고 코를 골며 자는 한결이의 코를 잡았다 놓고는 옆에서 잠을 청했다.

이따금 '부엉부엉' 하는 부엉이의 울음소리가 마을에 울려 퍼지고, 밤하늘에는 별 무리가 보석처럼 빛나고 있었다.

어린이 녹색 캠프 둘째 날
이산화탄소가 남긴 발자국

쪼로롱 쪼로롱.

단잠을 깨우는 산뜻한 새소리가 귓가에 머물렀다. 텐트 사이로 들어오는 햇빛에 태양이는 기지개를 켜며 일어났다. 평소에는 밤늦도록 게임을 하다 잠을 늦게 자고 아침이 되면 엄마가 몇 번을 깨워야 겨우 일어나는 태양이었다. 그런데 오늘은 아침 일찍 저절로 눈이 떠졌다.

태양이의 기척에 가람이도 늘어지게 하품을 하며 비칠비칠 일어났다. 하지만 밤새도록 코를 곤 한결이는 여전히 이

불을 둘둘 말고 자고 있었다.

　어른들은 벌써 일어나 평상에서 이야기를 나누거나 시골 길을 산책하기도 했다. 이모는 마을회관 마당 한편에서 개천을 바라보며 맨손체조를 하고 있었다.

　태양이는 텐트를 나와 신발을 꿰신었다. 초록색 나뭇잎에 방울방울 맺힌 이슬이 햇빛에 반사되어 태양이를 비추었다. 개천 가장자리를 뒤덮고 있는 국수나무에는 자로 재듯 정확하고 촘촘하게 친 거미줄이 유리구슬 같은 이슬방울을 매달고 아침을 맞이하고 있었다.

　일어나자마자 화장실에 들어간 가람이는 바지춤을 올리다가 두툼하게 잡히는 탄소화폐를 보자 돈 욕심이 났다. 5분에 맞춰진 모래시계의 모래는 이미 바닥으로 떨어진 지 오래였지만, 벌금을 내기 싫었다.

　가람이는 빼꼼히 문을 열고 밖을 살폈다. 다행히 아무도

보이지 않았다. 가람이는 얼른 화장실을 나와 자전거 발전기가 있는 곳으로 갔다. 그리고 아무 일도 없었던 것처럼 자전거 위에 올라탔다.

자전거 페달을 돌리면 전기 에너지가 만들어지는 자전거 발전기는 생각보다 쉽지 않았다. 자전거를 자주 타는 가람이지만 무척 힘이 들었다. 점점 다리에 힘이 풀리더니 콕콕 쑤시는 통증이 왔다. 금방이라도 포기하고 싶었지만 2분만 더 돌리면 탄소화폐를 얻을 수 있어서 꾹 참았다. 간신히 5분을 채운 가람이는 숨을 헐떡이며 풀밭에 드러누웠다.

태양이도 가람이의 뒤를 이어 자전거 발전기를 돌렸다. 하지만 태양이도 힘이 드는지 곧 얼굴이 벌게졌다. 땀을 뻘뻘 흘리면서도 페달을 멈추지 않았다. 태양이도 5분을 채우자마자 가람이처럼 풀밭에 쓰러지듯 누웠다.

"힘들죠? 한 번도 쉬지 않고 3시간 동안 페달을 돌려야 영화 한 편을 볼 수 있는 전기가 모아져요."

선생님은 풀밭에 누워 있는 가람이와 태양이에게 탄소화폐를 주었다.

'에너지를 모으는 건 진짜 어렵구나.'

가람이와 태양이는 서로를 바라보며 같은 생각을 했다.

뒤늦게 온 한결이는 자기보다 운동을 잘하는 친구들이 헉헉거리는 것을 보고 자전거 발전기를 돌릴 생각을 접었다.

쓱싹쓱싹.

여기저기서 나무를 자르는 톱질 소리가 경쾌하게 들렸다. 세 아이들도 이모가 알려 준 대로 한쪽 발로 나무를 밟고 슬근슬근 톱질을 했다. 톱질을 할수록 손바닥이 화끈거렸지만 쓱쓱 자르다가 막판에 나무가 썩 잘려 나가는 느낌이 좋았다.

자른 나무토막은 사포로 반질반질 다듬고 거기다 색색의 펜으로 소나무, 생강나무, 리기다소나무, 물갬나무, 굴참나무, 서어나무 등 다양한 나무 이름을 썼다. 무늬까지 예쁘게 그리는 아이들도 있었다. 마지막으로 나무 이름표가 썩는 것을 막기 위해서 니스를 칠했다.

"안녕하세요? 다람쥐조 맞습니까?"

나무 이름표가 마르는 동안 그늘에 앉아 있을 때 세 아이들을 향해 한 남자가 다가왔다. 공부만 했을 것 같은 무뚝뚝한 얼굴이었다. 아이들은 얼떨결에 고개를 끄덕였다.

"여러분과 숲 탐험을 함께할 '숲 해설가' 이양석입니다. 한낮에는 더워서 움직이기 힘드니까 선선할 때 출발하죠."

숲에 간다는 말에 아이들은 자리에서 벌떡 일어섰다. 혹시 나무 이름표에 칠한 니스가 마르지 않았을까 봐 입으로 호호 불었다. 한 손에는 나무 이름표를 들고, 다른 한 손에는 나무에 이름표를 묶을 끈을 들고 아이들은 숲 해설가를 따라나섰다.

배추가 심어진 밭을 지나자, 풀밭에서 풀을 뜯던 염소들이 '매애애' 하며 아이들을 바라보았다. 산으로 접어들어 좁은 산길을 따라 한참 오르자 나무가 우거진 숲이 나타났다.

숲 해설가는 두 팔을 벌려 숨을 깊게 들이마셨다. 힘들게 산을 오르던 아이들도 멈추어 서서 숲 해설가를 따라 숨을 들이마셨다. 새소리가 정겹게 들리고, 계곡을 타고 불어오는 산들바람이 땀을 흘린 아이들의 얼굴을 쓰다듬었다.

"아, 좋다. 두통이 싹 날아가는 것 같아."

이모가 하늘을 향해 두 팔을 높이 들며 말했다.

"숲이 우거진 산속에 들어오니까 저 아래 마을하고 또 다르죠? 이처럼 사람들이 숲에서 평안함을 느끼게 되는 이유는 피톤치드 때문입니다. 피톤치드는 숲 속의 식물이 스스로를 보호하기 위해 만들어 내는 일종의 자연 치료제입니다. 그런데 이 피톤치드가 사람들의 마음을 안정시키고, 피를 맑게 해줄 뿐 아니라 폐의 기능을 강화시키고, 천식이나 폐결핵의 치료에도 효과가 있다고 합니다."

공기 속에 사람에게 좋은 피톤치드가 많다는 말에 맛있는 음료수라도 마시듯 아이들은 공기를 들이마셨다. 숲 해설가는 숲이 자랑스럽다는 듯 설명을 계속 이어 갔다.

"나무는 하늘을 향해 자랍니다. 오로지 햇빛을 받기 위해서지요. 따라서 햇빛을 받지 못하면 저기 있는 나무처럼 죽을 수밖에 없습니다."

정말로 숲 해설가가 가리키는 곳에는 커다란 소나무가 껍질이 벗겨진 채 힘없이 죽어 있었다.

"저 위를 보면 소나무가 왜 죽었는지 알 수 있습니다."

죽은 소나무 위에는 어른 손바닥만큼 넓은 나뭇잎들이 하늘을 덮고 있었다.

"저 나뭇잎들이 햇빛을 받지 못하도록 가로막아서 소나무가 죽은 건가요?"

이모의 말에 숲 해설가는 고개를 끄덕였다.

"숲이 겉으로 보기에는 아름답게 보이지만 그 속에서는 매일 죽기 아니면 살기의 치열한 경쟁이 벌어진답니다. 그런데 사람들과 달리 숲의 구성원들은 경쟁에서 지면 깨끗이 물러섭니다. 심지어 자기가 죽어서 상대의 거름이 되지요."

설명을 들은 다람쥐조는 주변 나무들이 새롭게 보이기 시작했다. 햇빛을 받으려고 가지가 휘어진 나무, 햇빛을 조금이라도 더 받기 위해서 가늘게 위로만 자라는 나무, 옆 나무와 경쟁에서 졌는지 잎이 다 떨어지고 껍질까지 벗겨진 나무 등 평소에 보이지 않았던 부분들이 눈에 띄었다.

숲 해설가는 아이들이 나무에 관심을 갖기 시작하자 미리 준비한 나무도감을 꺼냈다. 그리고 각자 들고 온 나무 이름표의 주인공을 찾아보라고 했다.

태양이는 제일 먼저 심장 모양의 나뭇잎이 달린 나무로 가서 나무도감에 있는 그림과 비교했다. 그러나 잎만으로 정확히 알 수가 없었다. 숲 해설가는 나뭇잎을 손으로 비빈 후

냄새를 맡아 보라고 했다. 알싸한 생강 냄새가 났다.
"내 나무 찾았다!"
태양이가 소리치자 모두들 태양이에게 모여들었다.
"태양이가 찾은 이 나무는 생강나무입니다. 여기 달린 이 빨간 열매는 조금 지나면 검은색으로 변할 것입니다. 옛날에는 생강나무 열매로 기름을 짜서 머릿기름으로 사용하기도 했습니다."
태양이는 자신이 찾은 생강나무에 나무 이름표를 매달았다. 그 모습을 가람이와 한결이는 부러운 듯이 바라보았다.
'생강나무야, 이제 네 이름을 알았으니까 우리 서로 친하게 지내자. 참, 내 이름은 장태양이야. 나를 기억해 주면 하늘에 떠 있는 태양도 너를 기억하고 햇빛을 많이 줄 거야.'
마침 옆에서 나무를 짚고 태양이를 지켜보던 한결이는 나무껍질이 스펀지처럼 푹신푹신한 것을 발견했다. 아이들도 신기해서 서로 만져 보자 숲 해설가는 배낭에서 무엇인가를 꺼내 보이며 말했다. 그것은 포도주 뚜껑으로 쓰이는 코르크였다.
"이 나무의 껍질은 이와 같은 포도주의 뚜껑을 만드는 재

료로 쓰이고, 너와집을 만드는 데에도 쓰입니다. 그렇다면 이 나무의 이름은 무엇일까요?"
"뚜껑 나무?"
"포도주 나무?"
아이들은 생각나는 대로 나무 이름을 말했다.
"여러분이 말한 이름이 모두 그럴 듯하지만 이 나무의 이름은 굴참나무입니다."
한결이는 고개를 끄덕이며 굴참나무 가지에 나무 이름표를 달았다.
'너는 쓸모가 많구나, 나는 잘 하는 게 하나도 없는데.'

한결이는 쉽게 나무를 찾아 기뻤지만, 쓸모가 많은 굴참나무에 비해 자신은 너무 초라하다는 생각이 들어 우울해졌다.

가람이는 한참이 지나서야 리기다소나무를 찾을 수 있었다. 리기다소나무는 우리나라 소나무와 비슷하지만 잎이 하나 더 많은 3개였다.

주위를 둘러보니 다른 조들도 열심히 나무를 찾고 있었다. 저만치서 부엉이조는 물갬나무를 찾고

있었고, 물푸레조는 서어나무를 찾았는지 활짝 웃으며 나무 이름표를 달아 주고 있었다.

"이쪽으로 오십시오. 땀 좀 식히고 내려갑시다."

다람쥐조는 숲 해설가를 따라 시원한 바람이 부는 바위에 앉았다. 이모와 숲 해설가가 태양광 발전에 대한 이야기를 주고받는 사이에 아이들은 조금 떨어진 곳으로 갔다.

"산딸기다!"

한결이의 말에 다른 아이들도 달려들어 딸기를 따 먹기 시작했다. 작은 가시에 손이 찔리기도 했지만 아랑곳하지 않았다.

"가람아, 너무 깊숙이 들어가면 안 돼!"

우거진 숲으로 들어가는 아이들을 본 이모가 소리를 쳤다.

"알았어요!"

가람이의 대답을 듣고 이모는 다시 자리에 앉아 숲 해설가와 이야기를 이어 갔다.

어느덧 해가 중천에 솟아 있었다. 시간이 꽤 지난 것 같은데 숲에 들어간 아이들은 돌아오지 않았다.

"서가람!"

그제야 아이들 걱정이 된 이모가 조카의 이름을 크게 불렀다. 하지만 메아리만 들릴 뿐 아이들 목소리는 들리지 않았다. 숲 해설가도 걱정이 되어 손나발을 하고 아이들을 불렀다. 그래도 대답이 없자 이모와 숲 해설가가 아이들이 들어간 숲을 향해 발걸음을 옮기려는 때였다. 얼굴이 발갛게 상기된 세 아이들이 숲 속에서 나왔다. 아이들 손에는 산딸기가 잔뜩 들려 있었다.

"신기하게 생겼지?"

"응, 바람개비 같은 것도 있던데, 누가 살고 있나 봐."

"우리 내일 다시 와 보자."

한결이와 가람이, 태양이는 무언가 재미있는 곳을 발견한 듯 눈을 반짝이며 자기들끼리 숙덕거렸다.

숲 해설가는 태양이가 내민 산딸기를 입속에 쏙 넣으며 물었다.

"왜 사람들은 이런 열매를 따 먹을까요?"

"맛있어서요."

아이들이 합창하듯 말했다.

"물론 그렇지요. 하지만 더 중요한 이유는 우리 몸에 필요한 영양분을 얻기 위해서죠. 영양분에는 탄수화물, 지방, 단백질 등이 있는데 그중 탄수화물이 우리 몸에 가장 많이 필요합니다. 왜냐하면 에너지를 내는 중요한 영양분이기 때문이지요."

아이들은 숲 해설가의 설명을 들으며 산딸기를 입에 넣었다. 이모도 아이들이 따 온 산딸기를 입안에 넣고 오물거렸다.

"탄수화물은 주로 탄소, 수소, 산소로 이루어져 있어요. 그중에 우리 몸에서 에너지를 내는 중요한 역할을 하는 것이 탄소입니다."

"탄소요? 우리가 갖고 있는 이 탄소화폐의 탄소 말인가요?"

"맞아요."

탄소화폐 꾸러미를 손으로 가리키며 묻는 태양이에게 숲 해설가는 고개를 끄덕였다.

"이 탄소화폐에도 탄소가 들어 있나요?"

"탄소화폐는 나무로 만들었으니까 당연히 탄소가 들어 있

겠지요. 대부분의 식물에는 탄소가 들어 있거든요."

"그런데 식물에 왜 탄소가 들어 있어요?"

태양이가 궁금하다는 듯 연이어 물었다.

"잠깐만요, 선생님. 식물에 탄소가 들어 있다는 것은 식물이 광합성을 하기 때문이잖아요?"

가람이가 얼른 끼어들며 말했다. 숲 해설가는 스스로 궁금증을 해결하려는 가람이가 기특한지 살짝 미소를 지어 보였다.

"광합성이 탄소를 만드는 것이라고? 광합성은 영양분을 만드는 것인데?"

"태양아, 아까 선생님께서 그 영양분 속에 탄소가 들어 있다고 하셨잖아."

"맞아. 그러니까 광합성은 물과 이산화탄소, 햇빛으로 영양분을 만드는 것이고, 그 영양분 속에는 탄소가 들어 있다는 거지."

태양이가 잘 이해가 되지 않는다는 듯 고개를 갸웃거리자, 가람이와 한결이가 번갈아 가며 설명해 주었다.

"셋이 같이 공부하니까 훨씬 잘하네~."

옆에서 세 아이들을 지켜보던 이모가 대견해서 한마디 했다. 칭찬을 들은 한결이, 가람이, 태양이의 어깨가 으쓱 올라갔다.

"다른 동물들도 우리 인간들처럼 식물 안에 있는 탄소를 먹으면서 살겠네요. 이 송충이처럼 말이에요."

태양이가 나뭇가지에 달라붙어 있는 송충이를 내보이며 말했다.

"아악!"

한결이와 가람이가 징그럽다며 뒷걸음질했다. 비명 소리에 놀란 새들이 하늘로 푸드덕 날아올랐다. 숲 해설가는 자기들끼리 웃고 떠드는 세 아이들이 귀여운 듯 푸근한 미소를 지었다.

"그럼 이산화탄소는 무엇인가요?"

태양이는 더 자세하게 알고 싶은지 숲 해설가의 옆에 찰싹 달라붙었다.

"식물이 광합성을 하기 위해 이산화탄소를 빨아들인다는 건 알고 있죠?"

가람이와 한결이도 숲 해설가의 설명을 듣기 위해 가까이

다가갔다.

"이산화탄소는 'CO2'라고 표기합니다. CO2는 탄소(C) 1개, 산소(O) 2개로 이루어졌다는 것이지요. 그런데 탄소는 공기 중에서 혼자 있지 못하고 산소와 붙어 있으려는 성질이 있어요."

"그러니까 식물들은 자신에게 필요한 영양분을 만들기 위해 탄소가 꼭 필요한데, 공기 중에는 이산화탄소 속에 들어

있으니까 이산화탄소를 빨아들인다, 이 말이죠?"

숲 해설가의 말을 완전히 이해했다는 듯 태양이가 정리를 했다.

"여러분 모두 정말 똑똑해요. 관찰력도 있고, 어려운 내용을 잘 이해하네요."

숲 해설가가 아낌없이 아이들을 칭찬하자 이모도 기회를 놓치지 않고 말에 힘을 실었다.

"네, 우리 삼총사가 평소에 까불까불해서 그렇지, 할 땐 잘해요!"

세 아이들은 기분이 좋아져서 숲 해설가의 설명에 더욱 집중했다.

"그럼, 사람이나 동물 몸속에 있는 탄소는 어떻게 될까요?"

숲 해설가의 질문에 태양이가 웃으며 대답했다.

"방귀요!"

그 말에 한결이와 가람이도 까르르 웃었다.

"맞아요. 동물은 식물이 만든 탄소를 먹고 그것으로 에너지를 내면서 몸 밖으로 내보내는데, 호흡이나 방귀 또는 배설물이 그것이죠."

'그렇게 나간 탄소는 공기 중에서 다시 산소와 만나 이산화 탄소가 되고, 이것을 다시 식물이 빨아들이고…….'

숲 해설가의 설명에 이어 가람이가 방금 전에 배운 것을 다시 반복했다.

"탄소는 식물과 동물 사이를 막 빙빙 돌아다니네~."

"네. 맞아요. 물이 순환하는 것처럼 탄소도 돌고 도는데, 이것을 '탄소 순환'이라고 합니다."

한결이의 혼잣말에 숲 해설가가 손가락을 딱 튕기며 말했다.

"탄소가 지구상의 생명체를 구성하는 아주 중요한 요소라는 것을 이제야 알겠네요."

가만히 듣고 있던 이모가 놀랍다는 표정을 지었다.

"그렇게 중요한 탄소를 사람들이 문제 삼는 이유는 무엇인가요?"

가람이가 어처구니없다는 표정으로 물었다.

"지구의 대기에는 질소가 약 78퍼센트, 산소가 약 21퍼센트로 두 기체가 99퍼센트를 차지하고 있고, 나머지 1퍼센트는 이산화탄소와 수증기 같은 기체가 차지하고 있습니다. 화성이나 금성과 달리 지구에 이산화탄소가 매우 적은 이유는 식물들이 광합성을 하면서 이산화탄소를 흡수하기 때문이지요. 식물들 덕분에 우리가 지구에서 살아갈 수 있는 것인지도 모르죠."

"지구에 이산화탄소가 매우 적다면서 사람들은 왜 이산화탄소가 나쁘다고 하나요?"

궁금증을 해결할수록 궁금증이 더 생기는지 태양이가 다급하게 물었다.

숲 해설가는 궁금해하는 태양이의 머리를 쓰다듬으며 천천히 입을 뗐다.

"지구는 수십 킬로미터 높이까지 대기로 둘러싸여 있다는 것을 잘 알고 있을 거예요. 태양열이 땅에 도달하기 위해서는 반드시 이 대기를 거쳐야 하지요. 그런데 대기 중에 있는 이산화탄소 같은 온실가스는 일종의 벽 같아서 그 열을 다 통과시키지 않고 일부를 지구 밖으로 내보냅니다. 또한 땅에 도달한 열이 반사되어 다시 대기 중을 통과할 때 다 내보내지 않고 일부를 다시 땅으로 내려보냅니다. 이런 과정이 반복되면서 지구 온도는 사람들이 살기에 적합한 온도를 유지하게 되는 것이지요. 만약 이러한 온실가스가 없었다면 평균 15도인 현재의 지구 기온은 영하 18도로 뚝 떨어져 생명이 살 수 없는 별이 되었을 겁니다."

"글쎄, 그렇게 좋은 이산화탄소가 왜 문제라는 거냐니까요?"

답답해하며 태양이가 숲 해설가를 재촉했다. 이모는 버릇없이 구는 태양이를 야단치려 했지만 숲 해설가는 괜찮다는 듯 이모에게 가볍게 손사래를 치며 설명을 이어 갔다.

"아주 오래전 지구는 지각변동으로 수많은 동물과 식물이 땅에 묻히게 되었습니다. 그런데 동물과 식물 속에는 무엇이 들어 있다고 했죠?"

"탄소요!"

세 아이들이 잘 알고 있다는 듯 입을 모아 대답했다.

"그래요. 식물과 동물의 몸속에 들어 있던 탄소들은 수백만 년 동안 땅속에 묻혀 있으면서 석유, 천연가스, 석탄과 같은 화석연료로 변하게 됩니다. 그리고 200년 전, 사람들은 우연히 땅속에서 화석연료를 찾아내게 된 것이지요."

"그때부터 사람들은 물건을 만들기 위해 큰 공장을 짓고,

편리함을 위해서 교통수단을 만든 것이네요."

이모가 숲 해설가의 설명을 거들었다.

"그렇습니다. 공장이나 자동차를 움직이기 위해 사람들은 많은 양의 화석연료를 쓰기 시작했지요. 그 결과 화석연료 속에 있던 탄소는 공기 중으로 쏟아져 나왔고, 공기 중에서 산소 등과 만나면서 이산화탄소 같은 온실가스를 만들게 되었지요. 그래서 갑자기 지구 상에 온실가스의 양이 많아졌지요."

"아직도 이산화탄소가 많아서 문제가 되는 이유를 말씀해 주시지 않았습니다!"

"태양아! 선생님께서 이제 말씀해 주시려고 하잖니?"

태양이가 입을 삐죽거리며 따지듯 말하자 보다 못한 이모가 나섰다.

"괜찮습니다. 자꾸 질문한다는 건 제 말을 잘 듣고 있다는 증거지요. 그렇지, 태양아?"

"물론이죠!"

"온실가스는 지구에

들어온 열을 잡아 주는 역할을 한다고 말했습니다. 그러니까 이산화탄소가 많아지면 지구의 평균 기온은 올라가겠지요. 실제로 최근 100년 사이에 온실가스 중에서 이산화탄소의 양이 급격히 늘어났고, 그에 따라 지구 기온도 점차 올라가고 있다는 사실을 과학자들이 통계를 통해 알아냈지요."

"우리가 마구 쓰는 화석연료 때문에 이산화탄소가 많아졌고, 그것 때문에 지구의 평균 기온이 올라갔군요. 아, 그래서 지구온난화가 일어난 것이구나."

한결이가 정리해서 말하자, 옆에서 가람이가 고개를 끄덕였다. 태양이도 이제야 알겠다며 미소를 띠었다. 궁금한 것을 알아 가는 세 아이들의 태도를 숲 해설가는 흐뭇하게 바라보았다.

"여러분은 혹시 날씨가 이상하다고 느껴 본 적이 없나요?"

"작년 4월이었나? 눈이 펑펑 내려서 운동장에서 눈싸움을 했는데 되게 신기했어요. 4월에 눈 내린 건 처음 봤거든요."

한결이가 그날을 떠올리며 말했다.

"그리고 올해도 104년만의 가뭄으로 농민들이 큰 어려움을 겪었고, 가로수까지 말라 죽는 일이 생겼어요."

"몇 년 전 추석에는 연휴 내내 비가 내려 서울의 광화문이 물바다가 되기도 했죠. 100년 만에 일어난 일이라고 들었어요."

가람이와 이모가 연달아 말했다.

"왜 날씨가 이상한 걸까요? 지구가 화나서 그러는 걸까요?"

태양이가 고개를 갸웃거렸다. 진지해진 아이들의 얼굴을 보며 숲 해설가는 더 무거운 표정으로 말했다.

"저는 날씨가 이상할 때마다 가이아 이론이 생각납니다. 가이아를 아세요?"

"그리스 신화에 나오는 대지의 여신이잖아요?"

책 읽기를 좋아하는 한결이가 얼른 대답했다.

"예, 그렇습니다. 생물, 대기, 대륙, 바다로 이뤄진 지구를 하나의 생명체로 보는 걸 가이아 이론이라고 합니다. 우리 몸이 추우면 소름이 돋고 더우면 땀이 나는 것처럼, 지구도 지구온난화를 극복하려고 빙하를 녹이고, 폭설과 폭우로 더워진 지구를 식히고, 바다의 농도를 유지하려고 해일을 일으키고, 지각의 균형을 맞추려고 지진을 일으키는 거라고 생각하는 이론이지요."

"지구가 사람처럼 반응을 하다니, 가이아 이론은 재밌네요."

이모도 처음 듣는 이론에 호기심을 보였다.

"가이아 이론은 정확하게 밝혀지지 않은 가설입니다. 그래서 비과학적이라는 비판을 받고 있습니다. 그러나 이상 기후가 많이 나타나는 것은 오염 속에서 살고자 하는 지구의 몸부림처럼 느껴져서 저에게는 많이 와 닿습니다."

숲 해설가의 진지한 설명에 모두들 조용해졌다. 말 없는 아이들의 모습이 낯설어서 숲 해설가는 얼른 화제를 돌렸다.

"몇 시입니까? 시간을 너무 오래 끌었습니다. 자, 이제 내일 에코가방을 만들 나뭇잎을 따서 마을로 내려가겠습니다."

땡볕이 물러가고 선선한 바람이 불었다. 숲을 헤집고 다녔던 아이들은 마을회관의 정자에 눕자마자 졸음이 쏟아져 자꾸만 눈을 끔뻑거렸다.

"집에서 챙겨 온 공과금 영수증을 가지고 마을회관으로 모이세요."

선생님이 손뼉을 치며 늘어진 사람들을 깨웠다. 세 아이들

도 정자에서 비척비척 일어나 마을회관으로 들어갔다. 사람들이 모인 널찍한 방에는 노트북과 빔 프로젝터가 놓여 있었다.

"산업혁명 이후 사용된 화석연료는 우리 삶을 편하게 해주었지만 많은 양의 이산화탄소를 배출했어요. 지금부터 자신이 배출한 이산화탄소의 양은 얼마인지 '탄소발자국'으로 알아보겠습니다."

선생님은 '한국기후환경네트워크' 인터넷 홈페이지에서 탄소발자국 계산기를 클릭했다.

"탄소발자국은 물건의 생산, 유통, 소비, 폐기의 전 과정에서 발생하는 이산화탄소의 양을 말해요. 탄소발자국은 보통 무게의 단위로 나타내며, 그만큼의 탄소를 없애는 데 필요한 나무 수로도 표시합니다. 누가 먼저 계산해 볼까요?"

이모가 손을 번쩍 들었다. 이모는 함께 사는 가족 수를 입력하고, 교통편을 선택했다. 그리고 챙겨 온 공과금 영수증을 보고 가스, 수도, 전기 사용량과 교통 이용량까지 하나하나 입력했다. 그러자 이모네 집이 한 달 동안 만든 탄소발자국은 60킬로그램이고, 연간 23그루의 어린 소나무를 심어야

한다는 결과가 나왔다.
"어이쿠, 내 몸무게랑 비슷하네. 달마다 내 몸뚱이만 한 이산화탄소를 버린다고? 게다가 나무는 한 번도 심어 본 적이 없는데……."
이모는 생각보다 많이 나온 탄소발자국의 양에 얼굴을 찌푸렸다.
"저도 해 볼게요."
나도 자신의 탄소발자국 양을 알고 싶어서

노트북 앞으로 모여들었다.
"애들아, 너희들도 이리 와 봐!"
이모의 우렁찬 목소리가 뒤로 빠져 있던 아이들을 붙잡았다. 세 아이들은 움찔하며 서로 눈치만 보았다.
"빨리 와 보라니까."
결국 태양이가 이모에게 다가가 공과금 영수증을 내밀었다. 선생님의 도움을 받아

영수증을 하나하나 입력하자 해마다 36그루의 나무를 심어야 한다고 떴다.

태양이는 36그루의 나무가 들어찬 정원을 상상했다. 자신이 좋아하는 꽃들과 곤충들이 사는 모습이 떠올랐다. 태양이는 자신이 이산화탄소를 마구 배출해서 꽃들과 곤충들의 보금자리를 없애 버린 것 같은 찜찜한 기분이 들었다.

다행히 이산화탄소를 줄일 수 있는 방법이 떴는데, 컴퓨터와 텔레비전 사용 시간을 줄이자 10킬로그램의 탄소 배출량을 줄여 덩달아 10그루의 나무도 살린 거라고 했다.

태양이가 안심하고 자원을 절약해야겠다고 마음먹고 있는데, 그때 힘을 쏙 빠지게 하는 목소리가 들렸다.

"저희가 노력한다고 될까요? 이산화탄소를 제일 많이 내보내는 나라는 선진국이잖아요?"

두꺼운 안경을 쓴 한 아이가 의심스러운 얼굴로 물었다. 선생님은 씁쓸한 미소를 짓더니 이내 밝은 목소리로 말했다.

"네, 어떤 나라들은 경제 발전을 위해 환경 문제를 크게 생각하지 않아요. 작지만 우리가 먼저 환경에 대해 생각하고 행동한다면, 다른 사람들에게 자극을 주고 함께 실천할 수

있을 거예요."
 선생님의 말에 질문한 아이의 표정이 누그러졌다. 그리고 캠프에 참가한 아이들의 얼굴에는 지구를 지키고 싶어 하는 마음이 여실히 드러났다.

어린이 녹색 캠프 셋째 날
무서운 도깨비 아저씨

어느새 어린이 녹색 캠프가 중반으로 접어들었다. 셋째 날 오전에는 나뭇잎을 가지고 에코가방을 만들었다.

세 아이들 중에 가장 장난기가 많은 가람이가 가장 열심히 에코가방을 만들었다. 가람이는 녹색 잉크를 롤러에 묻혀 나뭇잎에 발랐다. 그리고 나뭇잎을 천 가방에 예쁘게 올려 놓은 후 신문지를 덮어 꾹꾹 눌렀다.

태양이는 모양이 어떻게 나올까 궁금해서 신문지를 몇 번이나 들춰 보다가 잉크가 번져 나뭇잎 모양이 흐트러졌다.

"잉크가 마르지 않으면 번질 수 있으니까 조심하세요."

선생님은 성미 급한 태양이를 보며 방긋 웃더니 다른 아이들에게 주의를 주었다.

가람이는 선생님의 말대로 꼼꼼히 구석구석 눌렀다가 신문을 천천히 뗐다. 그러자 벌레가 갉아 먹은 잎 부분까지 세밀하게 천에 찍혔다.

가람이는 정성 들인 에코가방이 마음에 쏙 들었다. 사람들도 가람이의 에코가방을 보며 나뭇잎을 먹은 벌레가 금방이라도 나타날 것 같다며 치켜세웠다.

한결이와 태양이도 에코가방을 완성했지만 아무도 칭찬해 주지 않아 조금 서운했다. 두 아이는 잘 만들어진 가람이의 에코가방이 부러워 괜히 만지작거리면서 어깨에 멨다 놓았다 반복했다.

결국 캠프 아이들 중에서 에코가방을 가장 잘 만든 가람이는 탄소화폐를 상으로 받았다.

"이제 점심시간이니까 밥 든든하게 먹고, 어제 숲 속에서 봤던 곳에 가 보자."

선생님이 다른 조에게 관심이 쏠린 사이에 태양이가 한결이와 가람이에게 귓속말을 했다.

"선생님하고 가람이 이모한테 들키면 어떡하지?"

소심한 한결이가 이모를 힐끔 곁눈질했다.

"쉿! 우리 이모는 태양열 오븐기 만드는 활동을 도와야 한다고 하셨어. 그러니까 밥 먹고 바로 가면 돼."

가람이의 말에 한결이와 태양이가 의미심장하게 고개를 끄덕였다.

"고기가 그립다, 그리워."

채소 위주의 점심 반찬을 바라보며 한결이가 안타까이 말했다.

"고기는 환경을 오염시킨다잖아."

태양이가 채소 반찬을 자신의 접시에 듬뿍 담으며 한결이에게 잔소리를 했다.

"그래서 앞으로 고기는 먹을 만큼만 먹고 군것질은 안 하려고."

"한결이 멋있다! 벌써 네게 맞는 환경 실천 방법을 찾은 거야? 대단하다~."

한결이의 어깨를 감싸며 이모가 칭찬했다. 한결이는 순간 기분이 좋아졌다. 사실 캠프에서 밥 먹는 것도 힘들었고, 활동에서 자기만 뒤처지는 것 같아 내심 속상했던 터였다.

"이모, 나는 앞으로 햄버거 안 먹을 거야."

가람이가 의기양양하게 말하자 이모는 실눈을 떴다.

"아무거나 말하지 말고 한결이처럼 지킬 수 있는 걸 말해 봐. 진짜로 햄버거 안 먹을 거야? 한결이랑 태양이 앞에서 약속할 수 있어?"

의심스러워하는 이모의 눈초리와 법관처럼 늠름하게 서 있는 한결이와 태양이를 보며 가람이는 얼른 능청을 떨었다.

"안 먹는 건 힘들고 좀 줄일까? 채소를 먹으면서 말이야."

가람이는 씩 웃으며 접시에 채소 반찬을 담았다.

캠프에서 내내 음식을 남겼던 한결이는 오늘은 배가 고파서 채소 반찬에 손이 갔다. 고기처럼 달달하고 쫀득한 맛은 없었지만, 아삭아삭한 오이김치와 새콤달콤한 배추겉절이는 먹을 만했다. 채소는 소화가 잘 되는지 밥을 먹고 나서도 속이 편했다.

점심 식사가 끝나자 이모가 마을회관으로 들어가는 것이 보였다. 지금이 기회다 싶어 가람이가 친구들에게 눈짓을 보냈다.

"한결아, 빨리 와!"

앞서 가던 태양이와 가람이가 저만치 뒤에서 힘겹게 걸어오는 한결이를 재촉했다.

"힘들어~, 헉헉. 물 마시고 싶어."

숨을 헐떡거리면서 한결이가 소리쳤다.

"우리 그냥 이리로 가면 안 될까? 훨씬 빨리 갈 수 있잖아."

더위에 지친 태양이가 배추밭을 가리켰다. 태양이의 말이 끝나기도 전에 가람이가 먼저 배추밭으로 성큼 들어섰다. 태양이와 한결이도 서슴없이 가람이를 따라 배추밭으로 뛰어 들어갔다. 세 아이들은 좁은 이랑을 잘 걷지 못하고 자꾸 배추를 밟았다. '마을 주민들에게 불편을 끼치지 않으며, 농산물에 피해가 가지 않도록 조심한다'라는 캠프 규칙 1번은 까맣게 잊고 있었다.

배추밭을 질러가니 숲이 금방 나왔다. 숲 속에 들어서 한참 걷다 보니 어디선가 물소리가 들렸다. 물소리를 따라 가람이가 길이 아닌 비탈로 조심스럽게 내려갔다. 계곡에 가장 먼저 도착한 가람이는 물을 벌컥벌컥 마시고는 대단한 것을 발견한 것처럼 두 팔을 허리에 대고 섰다.

바로 뒤따라온 태양이도 목이 말랐던 탓에 손에 계곡물을 떠서 급하게 마셨다. 그제야 도착한 한결이도 태양이를 따라 물을 마셨다. 갈증이 가시고 나서야 한결이와 태양이는 팔다리가 온통 나무에 긁혀 상처가 났다는 것을 알아차렸다.

"너희들 시원하지? 물값은 1000원이다."

가람이가 한결이와 태양이에게 손을 내밀었다.

"무슨 말이야? 돈을 왜 줘?"

태양이가 황당한 표정을 지으며 말했다.

"내가 계곡을 못 찾았으면 너는 물을 못 마셨을 거 아냐. 내가 발견했으니까 나한테 돈을 줘야지."

한결이는 눈을 끔뻑거리다가 마지막 남은 1000원짜리 탄소화폐를 가람이에게 건넸다.

"물에 주인이 어딨냐?"

태양이는 어이없다는 듯이 씩씩거렸다.

"주인이 없으면 물을 왜 팔겠냐? 그러면 땅속에 있던 석유는 왜 주인이 있겠냐? 먼저 맡은 사람이 임자지."

"그거랑 이거랑 다르지……."

태양이는 받아칠 말을 찾지 못하고 주저했다. 그 순간 태양이의 눈앞으로 무엇인가 휙 지나갔다. 태양이는 눈을 비비고 사방을 둘러보았지만 아무도 없었다.

"방금 무엇인가 지나간 것 같은데 없어졌어."

"뭐가 있다는 거야. 너 탄소화폐 안 주려고 딴짓하는 거, 나

는 다 알거든?"

가람이는 태양이에게 탄소화폐를 받아 내려고 물고 늘어졌다.

"이상하다, 뭔가 지나갔는데. 어쨌든 난 못 줘!"

태양이는 고개를 갸우뚱하면서도 절대 지지 않았다. 그때 갑자기 누군가 나무를 흔든 것처럼 한 무더기의 나뭇잎이 후두두 떨어져 내렸다. 세 아이들은 소스라치게 놀라 눈이 휘둥그레졌다.

"봐, 분명 누가 있다니까."

태양이가 확신에 차서 말했다. 그제야 한결이와 가람이도 주변을 살피기 시작했다. 하지만 아무것도 보이지 않았다.

"혹시 도깨비 아닐까?"

"야, 그런 말 하지마. 난 무서워 죽겠단 말이야."

가람이가 낮은 목소리로 말하자 한결이는 무서워하며 벌벌 떨기 시작했다.

"그래 난 도깨비다! 으하하하!"

갑작스러운 목소리에 아이들은 놀라 뒤로 넘어질 뻔했다.

계곡 바위에는 서부 영화에 나오는 배우들이 자주 쓰는 카

우보이모자, 개량 한복, 덥수룩한 수염과 구레나룻, 구릿빛 피부, 깡마른 몸집, 부리부리한 눈매까지 한눈에도 무섭게 생긴 아저씨가 떡 버티고 서 있었다.

  아저씨는 바람처럼 휙 바위에서 내려왔다. 그리고 손으로 계곡물을 한 모금 떠서 마셨다.

  "아저씨, 얘한테 1000원 주셔야 해요."

  나쁜 사람은 아니라고 생각한 한결이가 순한 눈망울로 가람이를 가리키며 말했다.

"이 계곡은 얘가 먼저 맡았거든요."

아저씨는 가람이를 빤히 바라보았다. 아저씨의 부리부리한 눈빛에 기가 눌린 가람이가 어깨를 움찔거렸다.

"매가리도 없어 보이고 희멀건 얼굴에 부스럼까지 있는 놈이 왜 그리 돈을 밝혀?"

가람이는 부스럼이 아니고 아토피라고 말하고 싶었지만, 아저씨가 무서워 속으로 꾹 삼켰다.

"자연을 두고 사람이 주인이라고? 우리는 길어야 100년 정도 잠시 지구에 들렀다가 사라지는 생명인데 자기가 주인이라는 기고만장함은 어디서 나온 거냐?"

아저씨는 도사 같은 이상한 말을 했다. 아이들이 아무 말도 못하자 아저씨는 뒤돌아 성큼성큼 산을 올라갔다. 등에는 통 하나를 짊어지고 있었다.

"신기한 사람이다."

"우리 도깨비 아저씨 따라가 보자."

호기심이 발동한 세 아이들은 도깨비 아저씨의 뒤를 조심조심 밟기 시작했다.

도깨비 아저씨는 가다가 나무에서 열매를 따 먹기도 했다. 아이들도 아저씨가 남겨 둔 것을 무슨 열매인지도 모르면서 따 먹었다. 어떤 것은 새큼새큼 달콤한데 포도처럼 생겼다. 그래도 새빨간 산딸기는 한눈에 알아봤다.
　열매를 따 먹느라 도깨비 아저씨를 놓치기도 했지만, 다행히 산길이 하나라 어렵지 않게 따라붙었다.
　그렇게 한참을 가자 어저께 나무 이름표를 달러 와서 발견했던 이상한 집이 나타났다. 아이들이 오려고 했던 바로 그 집이었다. 나무 밑에 놓인 물통, 바람개비 같은 기계, 한쪽에 쌓인 고물 자전거들, 안테나 판 같은 것들이 보였다.
　도깨비 아저씨는 집으로 들어가 짊어지고 있던 통을 내려놓고 상자 앞에 섰다. 통 속에 있던 것을 상자에 쏟아 내자 지렁이들이 후두두 떨어졌다. 그러고는 흙 묻은 옷을 탈탈 털었다. 그 소리에 마당에 누워 있던 늙은 개 한 마리가 고개를 들고 귀를 펄럭였다가 다시 누웠다.
　"햇볕에 살 홀랑 벗겨진다. 도둑괭이처럼 숨어 있지 말고 얼른 나와!"

도깨비 아저씨는 나무 뒤에 숨어 있는 아이들을 향해 소리 쳤다. 아이들은 뒷머리를 긁으며 쭈뼛쭈뼛 마당으로 들어섰 다. 그러자 늙은 개가 벌떡 일어나 컹컹 짖어 댔다.

"워워~."

도깨비 아저씨는 가볍게 손짓하며 개를 말렸다. 도깨비 아 저씨의 말을 알아들었는지 늙은 개는 짖기를 멈추고 아이들 주변을 맴돌았다.

"물지 않으니까 무서워할 것 없어."

그래도 아이들은 무서운지 개를 피해 얼른 도깨비 아저씨 옆으로 바짝 붙어 섰다.

"이왕 따라온 거 새참 먹고 일 좀 하고 가든가."

도깨비 아저씨는 장갑을 끼고 은박지를 붙인 안테나 판 같 은 상자 밑에서 냄비 하나를 꺼냈다.

도깨비 아저씨가 평상에 냄비를 내려놓고 뚜껑을 열자, 김 이 모락모락 피어오르는 고구마와 달걀이 보였다. 세 아이 들은 침을 꿀꺽 삼켰다.

"손은 어디서 씻나요?"

배가 고팠던 한결이가 흙 묻은 손을 내보이며 물었다.

"저기."

도깨비 아저씨가 턱으로 가리킨 곳은 나무에 매단 빗물통이었다.

아저씨의 무뚝뚝함에도 한결이는 넉살 좋게 행동했다. 빗물통에 있는 바가지로 물을 떠 손을 씻은 한결이는 평상에 척 앉았다. 가람이와 태양이도 한결이 옆에 쭈뼛거리며 앉았다.

아이들은 냄비에서 고구마와 달걀을 꺼냈다. 한결이는 입으로 호호 불며 고구마를 집어 들었지만 너무 뜨거워서 다시 냄비에 놓고 말았다. 달걀을 까먹으려던 가람이와 태양이도 마찬가지였다.

"아저씨, 저희는 어린이 녹색 캠프에서 왔어요. 여기에서 아저씨 혼자 사세요?"

눈을 다시 도깨비 아저씨에게로 돌린 한결이가 살갑게 말을 걸었다.

"그래."

"결혼도 안 하고요?"

"그래."

대답을 짤막하게 하는 도깨비 아저씨가 무서워 가람이와 태양이는 한결이를 말리고 싶었다.

"왜 결혼도 안 하고 첩첩산중 이런 곳에 혼자 사세요? 얼른 결혼해서 예쁜 아이도 낳고 부모님께 효도하셔야지요."

한결이의 말에 줄곧 무표정이었던 도깨비 아저씨가 짧게 웃음을 터트렸다.

가람이와 태양이는 도깨비 아저씨를 웃게 한 한결이가 놀라웠다. 평소에는 낯을 가리고 소심하기만 하던 한결이가 다시 보였다.

"아저씨, 이걸로 고구마를 찌신 거예요?"

한결이가 햇빛에 반짝이는 은박지 붙인 판에 다가가며 말했다.

가람이와 태양이도 호기심 가득한 눈으로 살펴보았다.
"이제 식었을 테니 먹어라. 그리고 너희들을 위해서 특별히 태양열 오븐기를 만들어 주마."

도깨비 아저씨가 고구마와 달걀을 집어 주자 세 아이들은 순식간에 받아 들고 먹어 치웠다.

"저기 하드보드지 가져와 봐."

한결이는 마루 한쪽에 세워져 있던 사다리꼴 모양의 하드보드지 4개를 얼른 가져왔다.

"너는 방에 있는 은박지 가져오고."

가람이는 방에 들어가서 은박지를 가지고 나왔다.

도깨비 아저씨는 하드보드지 안쪽에 은박지를 붙이고, 스티로폼 상자와 연결했다. 아이들이 지켜보는 가운데 태양열 오븐기 하나가 뚝딱 완성되었다.

"태양열 오븐기는 태양열로 고구마와 달걀을 찌는 거예요?"

"그래, 태양열 오븐기로 밥도 하고 물도 끓인다."

"전기가 없어도요?"

태양열 오븐기를 들여다보던 태양이가 어리둥절한 표정을 지었다.

"우리 집엔 전기가 안 들어와서 전화기도 없고 냉장고도 없어. 하지만 불은 켤 수 있지."

불을 켤 수 있다는 말에 가람이가 집을 찬찬히 둘러보다가 무엇인가를 찾았다는 듯 소리쳤다.

"아저씨, 저 바람개비처럼 생긴 것으로 불을 켜는 것이지요?"

"맞아, 저건 바람의 힘을 이용해서 만든 풍력 발전기야."

가람이의 말에 도깨비 아저씨는 고개를 끄덕였다.

"공짜라서 좋겠다. 아저씨, 우리 이거 발명해서 특허 내요."

한결이는 대단한 아이디어를 낸 것처럼 의기양양하게 말했다.

"이미 있어. 환경오염도 안 되고 언제나 쓸 수 있는 에너지."

"그게 뭔데요?"

한결이가 눈동자를 반짝이며 물었다. 몰라도 너무 모르는 것 같아서 답답해하던 도깨비 아저씨는 한숨을 쉬며 말했다.

"화석연료를 대신할 수 있고, 아무리 써도 없어지지 않고, 공해도 없는 '재생 에너지'!"

아이들은 재생 에너지라는 단어를 잊어버리지 않으려는 듯 계속 읊조렸다.

뻐꾹뻐꾹.

뻐꾸기 소리가 길어지자 도깨비 아저씨가 하늘을 올려다보았다.

"오늘은 그만 내려가거라. 산은 금방 어두워져."

도깨비 아저씨가 태양열 오븐기를 만드느라 널브러진 물건들을 정리하며 말했다.

"아저씨, 저희들 또 와도 돼요?"

한결이가 아쉬운 목소리로 물었다.

"어린이 녹색 캠프에 왔지, 나한테 온 게 아니잖아. 캠프에 왔으면서 선생님께 허락은 받고 이렇게 돌아다니는 건가."

선생님과 이모 몰래 나온 아이들은 마음에 찔려서 몸을 잔뜩 움츠렸다.

"안녕히 계세요."

도깨비 아저씨를 싫어했던 가람이가 얼른 인사를 하고 집을 나섰다. 태양이와 한결이도 인사를 하고 가람이를 따라 나섰다.

"그냥 오지 말라고 하면 될 것을 기분 나쁘게 왜 말을 빙빙 돌려서 하지? 산속에서 혼자만 살아서 그런지 사람 대할 줄을 모르는 아저씨 같아."

도깨비 아저씨 집에서 좀 멀어지자 가람이는 그동안 참았던 불만을 터뜨렸다.

"나도 도깨비 아저씨가 좀 무섭게 느껴지더라. 한결이 너

는 안 무서웠어?"
 태양이는 도깨비 아저씨에게 살갑게 대했던 한결이를 바라보며 물었다.
 "우리 할머니가 먹을 거 주는 사람은 좋은 사람이라고 하셨어. 말투가 무뚝뚝해서 그렇지 하나도 안 무섭던데."
 한결이는 대수롭지 않게 말했다.

"좋긴 뭐가 좋아. 근데 너희들 길 알아?"

한동안 투덜거리던 가람이가 발을 멈추고 주위를 휙 둘러보며 말했다.

"너 길 몰라? 너만 믿고 따라왔는데."

태양이는 울상을 지었다.

"우리 도깨비 아저씨한테 다시 가자."

한결이가 떨리는 목소리로 말했다.

"아냐! 살짝 헷갈려서 그래. 여기가 위쪽이니까 아래로만 내려가면 돼."

도깨비 아저씨를 다시 보고 싶지 않은 가람이가 무조건 걷기 시작했다. 태양이와 한결이도 군말 없이 가람이 뒤를 따라갔다.

이모는 점점 초조해지기 시작했다. 태양열 오븐기 만들기 활동을 할 때 아이들이 보이지 않아 기어코 개천으로 놀러 갔나 싶었다.

환경 토론을 할 때도 이모는 아이들이 곧 돌아올 거라 생각했다. 하지만 하늘이 어두워지고 소록소록 비가 내리는데도 아이들이 돌아오지 않자 불안해졌다.

결국 선생님과 이모는 마음이 달아서 아이들을 찾아 마을 여기저기를 돌아다녔다.

저녁 식사 시간에는 혹시 아이들이 밥을 먹으러 왔나 싶어서 마을회관으로 돌아왔다. 그래도 아이들이 보이지 않았고, 저녁을 먹고 자전거 발전기로 보는 영화가 끝나고 저녁

8시가 되어서도 아이들 소식은 없었다.

가슴이 쿵 내려앉은 이모는 슬금슬금 나쁜 생각이 들었다. 이모는 우선 경찰에 신고부터 해야겠다고 생각하고 선생님을 만났다. 그때였다.

"가람이 이모! 누가 찾아왔어요!"

별별 걱정이 들어 안절부절못하고 있는데 누군가 이모를 불렀다.

어린이 녹색 캠프 넷째 날

사고뭉치 삼총사

꼬끼오.

몇 시나 되었을까? 가람이는 뒤척이다가 잠자리가 불편해 눈을 떴다. 부스스 일어나니 도깨비 아저씨의 좁디좁은 방이었다. 태양이와 한결이는 옆에서 칼잠을 자고 있었다.

가람이는 문을 열고 마루로 나왔다. 가람이는 입고 있던 헐렁한 어른 윗옷으로 무릎을 감싸고 앉으며, 가슴이 철렁했던 어제 일을 떠올렸다.

정말이지 어제 멧돼지와 만났을 때는 숨이 멎는 줄 알았다.

탁, 타탁!

한바탕 쏟아지는 소나기를 피하려고 덩굴 속에 들어가 있던 아이들은 이상한 소리에 긴장을 하면서 주변을 살폈다.

"저기……."

벌벌 떨리는 목소리로 가람이가 가리키는 쪽을 바라본 태양이와 한결이는 침을 꿀꺽 삼켰다. 이가 툭 튀어나오고, 눈이 째진 멧돼지가 눈에 들어왔다. 그것도 여러 마리였다. 아이들은 숨도 쉬지 않았다. 그런데 그중 덩치가 작은 새끼 멧돼지 한 마리가 갑자기 코를 쿵쿵거리며 아이들 쪽으로 다가왔다. 그러자 어미 멧돼지도 새끼 멧돼지 쪽으로 몸을 돌렸다. 당장이라도 달려들어 뾰족한 송곳니로 찌를 것만 같았다. 겁에 질린 가람이가 도망가려 하자 태양이가 얼른 가람이 옷자락을 붙잡았다.

"움직이지 마! 멧돼지는 등을 보이고 도망가면 얕잡아 보고 공격하는 습성이 있어."

태양이는 가람이의 어깨를 감싸며 땅에 납작 엎드렸다.

새끼 멧돼지는 아이들 쪽으로 점점 가까이 다가왔다. 그러자 어미 멧돼지도 새끼 멧돼지를 따라왔다.

"셋이 같이 있으면 커, 커 보여서 공격하는 걸로 생각할지도 모, 몰라. 따로 수, 숨자."
멧돼지들을 지켜보고 있던 한결이가 떨리는 목소리로 더듬더듬 말했다.

"각자 흩어져 숨자."

태양이가 먼저 덩굴에서 나와 바위 뒤로 숨었다. 한결이도 잽싸게 커다란 나무 뒤에 숨었다.

가람이는 다리에 힘이 풀려 그 자리에 그대로 엎드렸다.

이모와 엄마 생각이 났다.

그렇게 싫었던 도깨비 아저씨가 나타나길 바랐다. 가람이는 멧돼지가 자기 냄새를 맡을까 두려워 빗물에 젖은 흙을 머리에까지 문질렀다.

바위 뒤에 숨은 태양이는 숨소리가 새어 나갈까 봐 두 손으로 입을 막았다. 한결이는 나무에 바짝 붙어 꼼짝도 하지 않았다.

새끼 멧돼지는 가람이가 엎드려 있는 덩굴 앞까지 와서 어슬렁대더니 갑자기 앞발로 땅을 파기 시작했다. 잠시 후 찍찍 소리를 내며 두더지 한 마리가 기어 나왔다. 새끼 멧돼지는 두더지를 잡기 위해 이리저리 쫓아다녔다. 그때 풀숲에서 꿩이 푸드덕 날았다. 놀란 새끼 멧돼지는 어미 멧돼지 쪽으로 급히 달려갔다. 다른 멧돼지들도 놀랐는지 황급히 달아나기 시작했다. 멧돼지들이 저 멀리 사라지는 것을 보고서야 태양이와 한결이는 가람이에게 다가왔다.

"야! 뭐가 무섭다고 이러고 있어. 일어나!"

가람이는 그때까지도 무서워서 벌벌 떨며 땅에 엎드려 있었다. 태양이의 부축을 받으며 일어난 가람이는 온몸이 흙

투성이였다. 아직도 불안한 듯 벌벌 떨고 있었다. 세 아이들은 텔레비전이나 영화에서나 있을 법한 일을 실제로 겪고 나니 정신이 없었다.

"이제 안 올까?"

아직도 겁에 질린 가람이가 멧돼지가 달아난 쪽을 힐끔힐끔 바라보며 말했다.

"멧돼지도 겁이 나서 이젠 안 올 거야."

태양이가 어른스럽게 가람이를 달랬다.

"그러고 보니 태양아, 넌 멧돼지에 대해서 잘 알고 있네."

"동물에 관심이 많거든. 커서 동물 박사가 되는 게 꿈이라서."

한결이가 대단하다는 투로 말하자 태양이가 쑥스럽다는 듯 머리를 긁적였다.

"너한테 어울린다, 어울려. 난 미래의 기후학자, 태양이는 미래의 동물 박사. 한결아, 넌 뭐가 될 거야?"

"나?"

갑작스러운 가람이의 물음에 한결이는 선뜻 대답을 못하고 입술만 달싹였다.

"그런데 우리 어느 쪽을 가야 할까? 길이 두 갈래인데. 난 왠지 저쪽으로 가면 나무 이름표를 달았던 곳이 나올 것 같아."

한결이의 대답을 기다리지 못하고 태양이가 불쑥 끼어들었다. 태양이 말대로 산길이 두 갈래로 갈라져 있었다.

"여기가 사람들 발길에 흙이 판판하게 다져진 것 같지 않냐?"

가람이가 반대쪽 길을 가리켰다. 태양이는 이상하다는 듯 고개를 갸웃거렸다.

"가 보자."

가람이는 자신이 가리킨 쪽으로 힘차게 걸었다. 태양이와 한결이도 어쩔 수 없이 가람이를 뒤따랐다. 판판한 길 중에서 넓은 길만 찾으며 걷는데, 어느 순간 길이 감쪽같이 사라지고 절벽이 나타났다. 멀찌감치 보이는 마을에는 비구름이 가득했다. 다행히 아이들이 있는 산에는 비가 내리지 않았지만 찬바람에 으슬으슬 추위가 감돌았다.

"더 이상 못 걷겠어!"

한결이는 힘들다며 바닥에 주저앉았다. 그때 저 멀리 집 한 채가 한결이의 눈에 들어왔다.

"야, 저기, 도깨비 아저씨네 집 보인다!"
한결이가 자리에서 벌떡 일어나며 말했다.
"뭐야, 산을 내려온 줄 알았는데 산 옆으로 돈 거야?"
길을 안내했던 가람이는 힘이 쭉 풀렸다.
"아저씨!"
한결이가 멀리 집을 향해 손나팔을 만들어 외쳤다. 태양이도 가람이도 한결이를 따라 소리쳤다.
"다시 옆으로 가 보자."
이번에는 태양이가 힘차게 말했다.
"또 길 잃으면 어떡하지?"
한결이의 얼굴이 부루퉁해졌다.
"아저씨가 우리 목소리를 들었는지

안 들었는지도 모르는데 가만히 있을 수는 없잖아. 가자."

가람이는 미안한 마음에 한결이를 부축했다.

세 아이들은 마을로 내려가는 길을 찾지 못하고, 결국 도깨비 아저씨 집 쪽으로 다시 걷기 시작했다.

"태양아, 뭐 해?"

한참을 가는데 태양이는 넓적한 잎사귀를 따서 나뭇가지에 꿴 후 땅에 꽂았다.

"왔던 길로 다시 오지 않으려고 표시하는 거야."

태양이의 말에 가람이와 한결이도 태양이를 따라 했다. 재밌는 이야기, 친구들에게 미안했던 이야기, 가족 이야기를 하다가 조용해지고, 다시 이야기하다 조용해지고, 그러기를 몇 번 하다가 더 이상 나눌 이야기가 없어졌다. 지쳐서 말없이 걷는데, 숲 속은 점점 어두워지고 나뭇잎이 바람에 펄럭이며 스산한 소리를 냈다.

"엄마."

꾹 참고 있던 한결이가 엄마를 찾았다.
"집에 가고 싶다. 엄마 보고 싶다."
태양이와 가람이도 결국 바닥에 털썩 주저앉고 말았다.

"아이들이 살라고 그랬는가, 산길에 표시를 했더라고."
이모를 찾아온 사람은 약초를 캐는 마을 할아버지였다. 산에서 아이들 소리가 들리는 것 같았는데 금방 사라져서 잘못 들었나 싶어 다시 약초를 캐러 다녔다고 했다. 그런데 또 소리가 들려서 할아버지는 직감적으로 아이들이 길을 잃었다고 생각하고 소리 나는 쪽으로 갔다. 결국 길을 잃고 울고 있는 아이들을 발견해서 가까이에 있는 아저씨네 집에 맡기고 밤늦게 산을 내려온 것이었다.
"그런데, 결혼은 했는가?"
할아버지가 망태기를 고쳐 매며 이모에게 농담처럼 물었다.
"네? 아, 아니요. 아직요."
아이들 걱정을 한시름 놓은 이모는 할아버지를 보고 빙긋 웃었다.

"할아버지 아들 소개해 주려고 그러시죠? 아들 소개해 준다는 할머니들이 줄을 섰어요. 얼른 우리 조카 만나게 해주시면 할아버지 아들을 제일 먼저 만나 볼게요."

이모는 시골에 있는 동안 틈만 나면 받았던 질문에 넉살 좋게 대꾸했다.

그렇게나마 아이들 소식을 들은 이모는 마음을 놓고 잠을 청할 수 있었다. 내일 할아버지와 같이 아이들을 만나러 가면 단단히 혼내 주리라 몇 번이고 다짐을 했다.

아침을 먹은 아이들은 도깨비 아저씨가 시키는 대로 마당으로 나섰다.

"얼른 가져와."

팬티에 도깨비 아저씨의 윗옷만 덜렁 걸친 태양이와 가람이는 어제 도깨비 아저씨가 통에 잡아 온 지렁이들을 넣은 기름진 흙을 퍼다 도깨비 아저씨한테 날랐다. 그러면 도깨비 아저씨는 텃밭에 골고루 흙을 뿌렸다. 도깨비 아저씨는 은혜를 갚아야 한다며 먹여 주고, 재워 준 대가로 밭일을 시

컸다.

가람이는 어젯밤 도깨비 아저씨를 만나서 반가웠던 마음에 다시 가시가 돋아나려고 했다.

'기분 나쁘게 왜 명령조로 말하는 거야.'

가람이는 도깨비 아저씨가 못마땅해 화가 났지만, 부들부들 보드라운 흙을 만지고 있으니 금세 기분이 좋아졌다.

신발을 신으려고 하는 아이들에게 도깨비 아저씨는 흙길이라 괜찮다며 맨발로 다니라고 했다. 아이들은 맨발이라 몸이 가볍게 느껴져 이리저리 신 나게 뛰어다녔다. 짬짬이 도깨비 아저씨가 키우는 늙은 개, 누렁이랑 노는 것도 재미있었다.

"망."

도깨비 아저씨의 말이 떨어지자마자 가람이는 창고에서 양파 망을 가져왔다.

"똥쟁아, 빨리 와라. 우리가 일 다 하잖아."

태양이가 밭두렁에서 똥을 누는 한결이에게 말했다.

한결이는 다리가 저려 코에 침을 발랐다. 어젯밤 배가 고파서 도깨비 아저씨가 주는 대로 싹싹 긁어 먹었더니 똥이

술술 나왔다. 한결이는 휴지 대신 넓은 잎으로 뒤를 닦은 뒤 똥을 눈 구덩이에 흙을 덮었다.

"이렇게 좋은 흙으로 키우는데, 1만 원은 받으세요."

한결이는 양파를 망에 가득 담는 도깨비

아저씨에게 말했다.

"1만 원? 3000원 받기도 힘들다."

"양파가 이렇게 많은데요?"

무거운 양파 망 하나를 들어 올리며 태양이가 말했다.

"왜 그것밖에 못 받는지 알아?"

세 아이들이 동시에 고개를 좌우로 휘휘 저었다.

"수입 농산물이 많아서 그래. 도시 사람들은 싼 맛에 수입 농산물을 즐겨 찾지만 다들 한 번쯤 생각하고 먹어야 해."

"아저씨, 무엇을 생각해야 하는데요?"

한결이가 고개를 갸웃거리며 물었다.

"생각해 봐. 외국에서 재배한 농산물을 배나 비행기에 싣고 오려면 썩지 않게 방부제를 뿌려야 하거든. 겉은 싱싱해 보이지만 몸에는 좋지 않을 수밖에 없지. 또 배나 비행기를 운행하기 위해서는 석유를 사용해야 하니까 이산화탄소가 많이 발생하지. 식품이 생산된 곳에서 일반 소비자의 식탁에 오르기까지의 이동 거리를 '푸드 마일리지(Food Mileage)'라고 하는데, 수입 농산물은 이러한 푸드 마일리지가 높겠지. 그러니까 가능한 가까운 곳에서 생산된 농산물을 사는 것이 안전하고, 환경오염도 줄이는 거야."

"그런데 아저씨, 수입 농산물은 왜 멀리서 오는데도 값이 싸요?"

한결이는 이해가 되지 않는다는 표정을 지었다.

"외국 농산물은 땅이 넓은 곳에서 기계로 대량 생산하기 때문에 아무래도 생산비가 적게 들겠지."

아이들은 캠프도 까맣게 잊은 채 도깨비 아저씨와 함께 밭일하는 재미에 푹 빠졌다.

이모는 마을 할아버지를 따라 산을 올랐다. 얼마쯤 시간이 흐르자 언덕 너머로 너와집 한 채가 눈에 들어왔다. 그리고 그 집 마당 빨랫줄에 널려 있는 옷이 아이들 옷이라는 것을 알 수 있었다.

"가람아!"

반가움에 이모가 마당으로 뛰어들었다.

"태양아, 한결아!"

이모가 빈집을 둘러보았다. 집 안은 조용하고 낯선 손님의

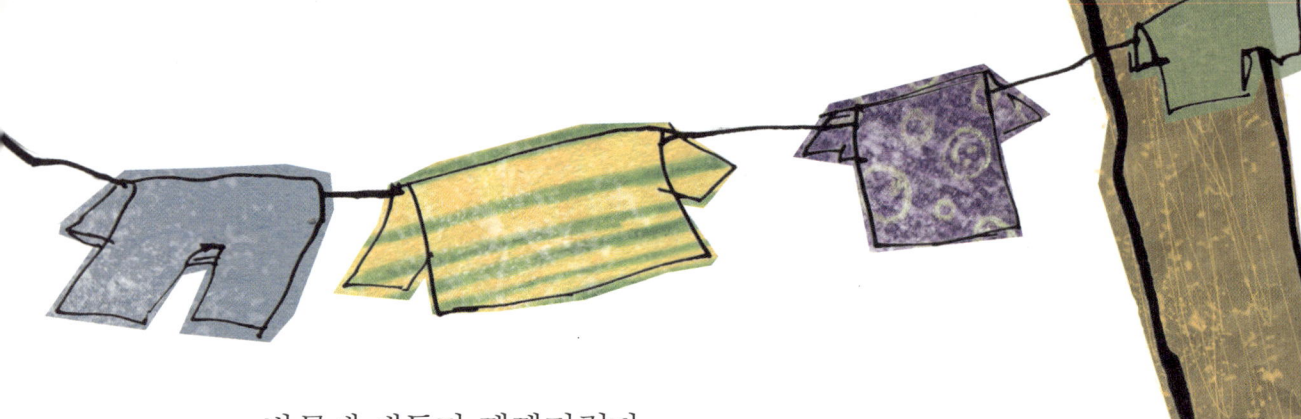

방문에 새들만 짹짹거렸다.
 그때 뒤꼍에서 오디를 먹어 입가가 벌게진 세 아이들이 나타났다.
 "사고 치고 신선놀음이나 하고 있었구먼."
 마을 할아버지가 껄껄 웃었다.
 "어이구, 오셨습니까? 걱정이 많으셨지요. 아이들 옷이 젖어서 마른 다음에 보내려고 기다리다가 그만……."
 도깨비 아저씨가 아이들을 마을로 바로 보내지 않아 미안하다는 표정으로 뒤따라 나왔다.
 말투가 딱딱하기만 했던 도깨비 아저씨가 마을 할아버지와 이모에게는 부드럽게 말했다.
 "날 뜨거우니까 그늘로 가세."
 할아버지가 이모를 끌어 마루에 앉혔다.
 도깨비 아저씨는 빗물통에서 물을 받아 오디를 씻었다.

　한결이는 도깨비 아저씨 옆에 가까이 다가앉아 가만히 속삭였다.
　"아저씨, 저 분이 가람이 이모인데 좋은 분이세요. 잘 보이세요."
　도깨비 아저씨는 한결이의 말을 들은 척 만 척 하며 씻은 오디를 가지고 마루에 앉았다. 그러자 마을 할아버지가 기다렸다는 듯이 이모에게 말했다.

"아가씨, 이 총각이우."

"네?"

"아이들 만나게 해주면 제일 먼저 만나 본다고 했잖소. 이 박사는 공부도 많이 한 사람인데 환경 살린다고 산에 들어왔어. 만날 뚱땅뚱땅 뭔가를 만들어서 동네 어른들 챙기는 좋은 사람이여."

이모는 어찌할 바를 몰라 억지로 웃어 보였다.

"맞아요, 이모. 아저씨가 얼굴이 까매서 그렇지 자세히 보면 멋있어요."

한결이가 옆에서 부채질을 했다.

"아니, 이 녀석이?"

도깨비 아저씨는 무안하다는 듯 자리에서 일어나 빨랫줄에서 아이들 옷을 걷었다.

"자, 옷 다 말랐다. 얼른 옷 갈아입어."

아이들이 옷을 받아 들고 방으로 들어가자, 도깨비 아저씨는 마루에 걸터앉으며 이모에게 말을 걸었다.

"다행히도 아이들이 시골에서 잘 지내네요."

도깨비 아저씨는 분위기가 이상해지는 것 같아서 화제를 돌렸다.

"아, 그러게 말이에요."

그사이 아이들은 뽀송하게 마른 옷을 입고 나왔다.

"고맙습니다. 캠프 사람들이 기다리고 있어서 저희는 이만 가 볼게요."

아이들이 나오자 이모가 자리를 털고 일어섰다.

"아가씨, 길 잃어버려도 난 안 찾을 거여. 이 박사한테 데려다 달라고 해."

마을 할아버지가 너스레를 떨었다.

"오는 길 잘 익혀 뒀어요. 걱정 마세요."

"예. 그러면 조심히 내려가십시오."

이모의 인사에 도깨비 아저씨도 꾸벅 인사를 했다.

"허, 만날 산골짜기에만 있으니 여자 대할 줄을 몰라. 텔레비전 보면 남자가 여자 데려다 주고 그러더구먼. 그라믄 나도 내 갈 길 가련다. 어느 산으로 가야 산삼을 찾을까나~."

마을 할아버지는 노래를 웅얼거리며 산 위쪽으로 향했다.

이모와 아이들은 마을 쪽으로 난 길을 따라 내려갔다. 가람이는 어제 멧돼지 만났던 이야기를 차마 이모에게 하지 못했다. 혼날 것이 뻔했기 때문이었다.

이모는 산을 내려오는 동안 찾느라 얼마나 힘들었고, 사람들이 얼마나 걱정을 했는지, 이렇게 사고 치라고 캠프에 데려온 것이 아니라는 등 계속 말을 했다. 입이 열 개라도 할 말이 없는 아이들은 묵묵히 산을 내려왔다.

마을에 다다르자 배추밭이 보였다. 이모는 갑자기 걸음을 멈추고 배추밭과 아이들을 번갈아 바라보았다. 배추밭은 엉망이었다.

"설마, 너희들이……."

이모는 어이가 없다는 듯 화난 얼굴로 아이들을 바라보았다.

세 아이들은 이 정도로 심하게 배추가 망가졌을 줄은 몰랐다는 듯 고개를 푹 숙였다.

"캠프 활동도 안 하고, 마을 농산물도 망가뜨리고, 캠프 사람들과 동네 사람들 다 너희 찾아다니고. 캠프 규칙을 어겨도 한참 어겼다는 것은 알고 있지?"

이모는 아이들이 잘못한 점을 조곤조곤 되짚었다. 머뭇머뭇 말을 못하는 아이들 사이에서 가람이가 나섰다.

"배추값은 탄소화폐로 물어 줄게요."

도깨비 아저씨의 밭일을 도왔던 가람이는 농사가 힘들다는 것을 알게 된 터라 그냥 지나칠 수가 없었다.

"그 금액으로는 턱도 없을걸?"

"그래도 마음이라도 표시해야죠."

태양이가 가람이의 의견에 힘을 보탰다.

"내일 '환경 골든벨 대회' 하잖아요. 1등 해서 돈 많이 벌게요. 그렇지, 얘들아?"

한결이도 얼른 한마디 거들었다.

큰일을 겪고 나서도 여전히 돈 벌 생각에만 빠져 있는 아이들을 보면서 이모는 웃어야 할지, 울어야 할지 몰랐다. 그래도 아이들이 다치지 않은 것만도 다행이라고 생각하니 화가 가라앉았다.

이모를 졸래졸래 따라오는 아이들을 보고 멀리에서 달려온 선생님은 마치 집 나간 아들이 돌아올 때 어머니가 반겨 주는 것처럼 아이 한 명 한 명을 안아 주었다.

"이모, 우리 어제 죽는 줄 알았어요."

이모와 잠을 자기 위해 텐트 안에 누워 있던 가람이가 결국 입을 열었다. 옆에 누워 있던 한결이와 태양이도 벌떡 일어났다.

세 아이들은 어제 일이 떠올라 심장이 쿵쾅쿵쾅 뛰기 시작했다. 서로서로 숨 막혔던 멧돼지 사건의 모험담을 쏟아 냈다.

눈이 휘둥그레져 듣고 있던 이모가 갑자기 눈물을 흘리기 시작했다. 아이들이 무사하다는 생각이 들자 긴장이 풀리면서 그동안 참았던 눈물이 봇물 터지듯 쏟아졌다. 이모는 세 아이들을 와락 끌어안았다.

"많이 무서웠지?"

멋대로 캠프를 나가서 이모를 걱정시킨 세 아이들은 미안한 마음에 따라 울기 시작했다.
 텐트 위에는 여름밤의 달이 너무 무서워 말라며 하얀 등불을 밝혀 주고 있었다.

어린이 녹색 캠프 **다섯째 날**
아이들이 달라졌어요

캠프에서의 마지막 날 아침이 밝았다. 가람이는 맑은 새소리를 들으며 기분 좋게 눈을 떴다. 텐트 밖으로 나오자 저만치 구릉에 펼쳐진 밭에서 일하고 있는 시골 어른들이 보였다. 이모도 어느새 일어나 밭에서 일하는 어른들 일손을 돕고 있었다. 아직 새벽이슬이 걷히지도 않았는데 농부들은 부지런히 몸을 놀리고 있었다.

마을회관 마당에는 도깨비 아저씨네 집 마당에 있던 태양열 오븐기들이 나란히 놓여 있었다. 세 아이들이 도깨비 아

저씨네 집에 가 있는 동안 다른 참가자들이 만든 것이었다. 태양열 오븐기마다 그것을 만든 조의 이름이 붙여 있었다.

"정말 이것을 물푸레조가 직접 만들었다고? 여기 부엉이조 것도 있네. 진달래조 것도 있고."

가람이는 태양열 오븐기를 하나하나 보다 보니 이렇게 멋진 것을 직접 만들어 보지 못한 것이 너무 아쉬웠다.

'도깨비 아저씨한테 배웠으니까 나도 집에 가서 만들어야지.'

가람이는 제일 잘 만든 것 같은 태양열 오븐기를 자세히 살피며 머릿속으로 만드는 방법을 꼼꼼히 정리했다.

"야, 서가람, 탄소화폐 얼마 있어?"

어느새 태양이도 일어나 가람이에게로 다가왔다.

가람이는 바지춤에 찬 탄소화폐 꾸러미를 세어 보았다. 다 합해서 1만 원이 있었다. 가람이는 낮 동안에 최대한 모으자고 다짐했다. 태양이도 가람이와 같은 생각인지 의미심장한 눈빛으로 고개를 끄덕였다.

가람이와 태양이는 서둘러 선생님을 찾았다. 마당 한구석에서 캠프 마지막 날을 준비하는 선생님을 바로 찾을 수 있었다.

"선생님, 저희 없는 동안 배운 것 좀 알려 주세요!"

참새처럼 재잘재잘 지저귀는 가람이와 태양이를 바라보며 선생님은 빙그레 웃었다.

"너희가 어제 만난 분은 어린이 녹색 캠프를 만드신 박사님이야. 대체 에너지 개발 연구원이기도 하고. 내가 알려 주지 않아도 잘 배우고 왔을 것 같은데?"

선생님은 그저 눈을 찡긋할 뿐이었다.

"도깨비 아저씨가 대체 에너지 개발 연구원이었다고요?"

"어쩐지, 아는 게 많더라."

가람이와 태양이는 깜짝 놀란 얼굴로 서로를 바라보았다. 그러고는 어제 도깨비 아저씨와 했던 일들을 하나하나 되새겨 보았다.

"우리가 도깨비 아저씨한테 무엇을 배웠을까?"

"그러게 말이야. 양파 캐는 거, 태양열 오븐기 만드는 거, 또 뭐가 있었지?"

하지만 아무리 생각해도 환경과 관련된 것이 무엇인지 도통 감을 잡을 수가 없었다.

"난 도깨비 아저씨한테 많이 배웠어. 나만 믿어."

어느새 텐트에서 나온 한결이가 두 친구의 어깨를 두드리며 말했다. 가람이와 태양이는 미덥지 못하다는 눈으로 한결이를 바라보았다. 하지만 한결이는 보기 드물게 자신감이 넘치는 얼굴이었다.

"우선 탄소화폐를 위해 자전거 발전기부터 돌리러 가자."

가람이는 이른 아침이라 사람이 없는 자전거 발전기로 갔다. 자전거 발전기를 돌리는 것은 처음보다 덜 힘들었다. 2대의 자전거 발전기에 각각 오른 가람이와 태양이는 5분을 넘기고 7분, 8분이 되어 갈 즈음 온몸이 달아오르고 땀범벅이 되어서 자전거 발전기에서 내렸다. 가람이와 태양이가 숨을 고르는 사이 한결이도 자전거 발전기에 올랐다.

"힘들 텐데……."

"무리하지 마."

운동을 싫어하는 한결이가 탈이라도 날까 봐 가람이와 태양이가 말렸다.

한결이는 천천히 페달을 밟기 시작했다. 얼마 지나지 않아 점점 얼굴이 붉으락푸르락해지고 숨이 턱턱 막히는 것 같

았다. 한결이는 5분을 겨우 채우고 누웠다.

가람이와 태양이는 거친 숨을 는 한결이가 전과 달라졌다는 것 느꼈다. 그러면서 그동안 운동할 때

잔디밭에

내 쉬

을

한 결

이를 조금은 무시했던 것 같아 미안한 마음이 들었다.

세 아이들은 공평하게 탄소화폐를 1000원씩 받았다.

"엄청 덥지. 개천에 가서 씻자."

가람이와 태양이는 손을 뻗어 한결이를 일으켰다.

이제 세 아이들은 돈 쓸 일은 만들지 않고 돈 버는 일만 생각했다. 아침도 남김없이 다 먹었고, 농부들의 정성이 깃들어 있는 양파도 된장에 찍어 먹어 보았다.

"아이고, 할머니가 먼저 오시네."

이모의 말에 설거지를 하던 아이들의 손이 멎었다. 아이들이 망가뜨린 배추밭 주인 할머니였다.

어제 죄송하다는 말을 전하러 갔는데 할머니가 늦게까지 일하느라 만나지 못했고, 할머니가 돌아왔을 때는 아이들이 잠들어 버려 인사를 못했었다.

이모를 따라 세 아이들이 쭈뼛쭈뼛 할머니에게 다가갔다. 그러고 보니 배추밭 할머니는 캠프 첫날에 급식을 퍼 주었던 인상 좋은 할머니였다.

"내 1년 농사 망친 망아지들이 너희냐? 배추 팔아서 손주 녀석들 용돈 주는 재미로 사는데 너희들이 다 망쳐 놨구나!"

자상했던 할머니는 무서운 표정으로 말했다.

"죄송합니다. 죄송합니다."

아무 잘못 없는 이모가 연방 할머니에게 죄송하다는 말을 했다. 아이들도 옆에서 고개를 들지 못했다.

선생님과 이모가 할머니를 평상으로 모시고 가서 이야기를 나누었다. 아이들은 눈치를 보며 조용히 어른들을 지켜보았다. 그리고 무슨 이야기를 나누나 귀를 쫑긋 세웠다.

"여기, 장터에 내놓을 고사리 묶음이여. 캠프 왔던 사람들

은 친환경이라고 제값 주고 사고 또 계속 찾아서 좋아."

할머니는 똬리처럼 둘둘 말린 고사리를 선생님에게 건넸다.

"장터 할 때 들르세요. 사람들은 고사리보다 할머니가 알려 주는 요리 비법을 더 좋아하잖아요. 애들 성의도 받아 주시고요."

선생님이 한껏 기죽은 아이들을 보았다.

"하이고, 차라리 벼룩의 간을 빼먹지. 코 묻은 돈을 어떻게 받아. 할 게 많아서 장터는 올 수 있을지 모르겠네. 그라믄 수고하게."

할머니는 평상에서 일어나 마을회관을 빠져나갔다. 선생님은 할머니가 골목을 돌아갈 때까지 배웅하다가 캠프 사람들에게 말했다.

"마지막 활동으로 환경 골든벨 대회를 할 테니 모두 마을회관 정문 앞으로 모여 주세요!"

마지막이라 그런지 사람들은 꾸물거리지 않고 질서를 지키며 대회가 열리는 장소로 모였다.

아침을 먹고 나서 곧바로 환경 골든벨 대회가 열렸다. 조별끼리 그간 배웠던 환경 지식을 서로 정리하느라 시끌시끌했다. 텔레비전에 나오는 골든벨 대회처럼 조별로 화이트보드와 매직펜이 준비되었다. 정답은 조별로 맞히게 되고, 정해진 문제를 가장 많이 맞히는 팀이 우승을 하게 된다. 환경 골든벨 대회에서 1등 하는 조는 탄소화폐 5만 원, 2등 하는 조는 2만 원, 3등 하는 조는 1만 원이 주어지기 때문에 막판 점수를 따기 위해 모두들 눈을 빛냈다.

드디어 환경 골든벨 대회가 시작되었다. 선생님이 문제를 읽어 주자 모두들 숨을 죽이고 귀를 기울였다.

"우리가 일상생활을 하는 과정들 속에서 이산화탄소가 얼마나 배출되고 있는지 간단히 알아보는 방법인데요, 탄소 발생에 대해 경각심을 갖고 정화를 위한 노력을 해 나가자는 취지에서 만들어졌습니다. 이것은 무엇일까요?"

"아아, 그게 뭐였더라?"

"야야, 조용히 해."

가람이가 한마디 하자마자, 태양이는 얼른 손가락을 입술

에 대며 조용히 하라는 손짓을 했다. 그리고 혹시나 다른 조에게 답이 알려질까 봐 답을 쓰고 재빨리 화이트보드를 뒤집었다.

선생님이 '하나, 둘, 셋'을 외치자 일제히 화이트보드를 들어 올렸다. 정답은 '탄소발자국'이었다.

첫 문제는 쉬웠는지 모든 조가 답을 맞혔다.

"네, 첫 번째 문제부터 경쟁이 아주 치열합니다. 그럼 다음 문제를 드리겠습니다."

그렇게 환경 골든벨 대회가 진행되고, 7번 문제가 시작될 즈음에는 부엉이조가 1등에 올라섰다.

선생님은 어떤 마크가 그려진 종이를 들고 문제를 읽었다.

"다음의 마크는 어떤 제품에 붙일까요? 1번, 에너지 절약 제품. 2번, 친환경 인증 제품. 3번, 친환경 농산물 제품. 4번, 저탄소 상품 인증 제품."

한 문제 차이로 2등을 달리고 있던 다람쥐조 아이들은 이번 문제가 매우 중요했다. 다람쥐조는 '친환경 인증 제품'과 헷갈렸지만 한결이의 주장으로 '저탄소 상품 인증 제품'이라고 썼다. 역시 답은 '4번, 저탄소 상품 인증 제품'이었다.

하지만 이 문제는 부엉이조도 맞혔다. 이제 문제는 세 문제밖에 남지 않았다.

현재 부엉이조가 모든

문제를 맞혀서 1등이지만, 한 문제 차이로 다람쥐조가 바짝 따라잡고 있었다.

의외로 한결이가 정답을 거의 다 맞혔다. 도깨비 아저씨를 졸졸 따라다니면서 환경에 대해서 많이 배운 결과였다.

"8번 문제는 조금 어려울 수도 있습니다."

긴장감이 가득한 가운데 선생님은 다음 문제를 냈다.

"이산화탄소 배출을 원칙적으로 억제하는 것으로, 하는 수 없이 배출했다면 그만큼 나무를 심거나 아니면 돈을 내도록 해서 실질적으로 탄소 배출량을 제로로 하는 것을 무엇이라고 하나요?"

다람쥐조 아이들은 아무도 기억하지 못해서 서로를 멀뚱멀뚱 쳐다보았다. 막판에 한결이의 제안으로 '탄소 억제'라고 썼다.

부엉이조는 '탄소 마이너스'라고 썼고, 정답은 '탄소 중립, 또는 탄소 제로(넷제로)'이었기 때문에 다시 기회가 생겼다.

"이제 남은 문제는 단 두 문제입니다. 이번 문제는 에너지 분야에서 내겠습니다. 객관식입니다."

다람쥐조 아이들은 더욱 귀를 쫑긋 세우며, 선생님의 입을 바라보았다.

"다음 중 신재생 에너지가 아닌 것은 어느 것입니까? 1번, 연료전지. 2번, 바이오매스. 3번, 천연가스. 4번, 지열 에너지."

한결이는 도깨비 아저씨에게 배운 내용이어서 얼른 '3번,

천연가스'라고 답을 썼다. 부엉이조는 '1번, 연료전지'를 답으로 썼다. 정답은 '3번, 천연가스'였고, 마침내 다람쥐조와 부엉이조가 동점이 되었다. 이제 마지막 문제에 모든 것이 달려 있었다.

"이번 문제로 오늘의 최종 우승자가 결정될 것 같습니다. 이번 문제는 주관식입니다."

다람쥐조 아이들은 잔뜩 긴장해서 침을 꼴깍 삼켰다.

"이것은 항공 산업이 발생시키는 이산화탄소의 양과 거의 같습니다. 이것을 밤새도록 켜 두면 A4용지 약 800장을 프린트할 수 있는 에너지를 낭비하는 것과 같습니다. 20세기 최고의 발명품인 이것은 무엇일까요?"

다람쥐조는 한참을 고민하다 결국 '텔레비전'으로 정했다. 부엉이조는 '컴퓨터'로 썼다.

이제 모든 관심이 정답을 말할 선생님 입으로 몰렸다.

"정답은……."

선생님은 뜸을 들이며 일부러 발표를 미뤘다.

"빨리 발표하세요!"

"가슴이 터질 것 같아요!"

참다 못한 아이들이 소리치자 선생님은 빙그레 웃으며 정답을 발표했다.

"정답은 컴퓨터입니다."

정답을 맞힌 부엉이조가 소리를 지르며 이리 뛰고 저리 뛰고 난리가 났다. 반면 다람쥐조 아이들은 초상집 분위기였다. 이모는 잔뜩 풀이 죽어 있는 아이들을 위로해 주었다.

환경 골든벨 대회를 통해 환경에 대해 잘 모르거나 애매하게 알고 있었던 것들을 확실히 짚을 수 있었다.

긴장감과 기대감 속에 환경 골든벨 대회를 해서 그런지 모두가 활기가 넘쳤다. 약속대로 1등 조에게는 탄소화폐 5만 원이 주어졌고, 2등인 다람쥐조는 2만 원을 받았다.

다람쥐조는 환경 골든벨 대회에서 받은 2만 원, 태양이가 모은 8000원, 가람이 모은 1만 1000원, 한결이가 모은 1000원을 다 합치니 4만 원이 되었다.

아이들은 뿌듯해하면서도 할머니

의 배추값으로는 턱없이 부족해 탄소화폐만 멀뚱히 바라보았다.

"이모가 찬물 끼얹기는 싫은데 어저께 너희 캠프 규칙을 어겼으니 그 돈 다 벌금으로 내야 하는 거 아니야?"

이모가 히죽 웃으며 말하자 가람이는 얄밉다는 듯 이모에게 손을 쏙 내밀었다.

"이모! 이모가 모은 탄소화폐 우리 준다고 그랬잖아요."

"너희들 찾아다니느라 바빴는데 내가 탄소화폐 모을 새가 어디 있었냐?"

이모도 지지 않고 새초롬히 말했다.

"너는 아직도 조카랑 싸우니?"

이모의 친구인 선생님이 다가와 농담 섞인 투로 말했다.

"사실 이모 말대로 캠프 규칙을 어겼으니 벌금을 받긴 받아야 하지만 시골 할머니를 생각하는 너희 마음이 예뻐서 특별히 용서해 주기로 했어. 벌금 안 받을 테니 그 돈은 너희 알아서 해."

선생님의 말에 아이들은 환호성을 질렀다. 신이 난 아이들의 모습을 보며 이모도 방긋 웃었다.

사람들이 쉬고 있는 사이 아이들은 이모와 함께 할머니네 집을 찾아갔다.

할머니는 아이들이 뭉개 놓은 배추를 절여 겉절이를 무치고 있었다. 그 모습에 절로 고개를 숙인 아이들이 할머니에게 다가가 탄소화폐를 내밀었다.

"하이고, 됐다 됐어. 너희들 엄마한테 우리 동네 배추나 많이 사다 먹으라고 해라."

할머니는 탄소화폐를 내미는 아이들에게 손사래를 쳤다. 진짜 돈은 아니지만, 아이들의 마음이 기특해서 할머니는 세 아이들의 어깨를 정답게 두드렸다.

아이들이 어찌할지 몰라 우물쭈물하고 있는데, 이모가 고

개를 끄덕이며 탄소화폐를 넣으라는 신호를 주었다.

"그런데 너희 살이 벌겋게 익었구먼. 간지럽다고 막 긁으면 쓰리다. 가만있자, 알로에 좀 잘라 줄 테니 서울 가면 엄마한테 문질러 달라고 해라."

할머니는 마당에서 키우는 알로에를 잘라 조각낸 다음 봉지에 담아 주었다.

이모가 고마움을 표시했고, 아이들은 부끄럽고 고마운 마음에 제대로 인사도 드리지 못하고 나왔다.

마을회관으로 돌아오는 길에 이모가 슬쩍 아이들을 떠보았다.

"그 탄소화폐로 뭐 할 거야?"

당연히 이모한테 진짜 돈으로 바꿔 게임을 할 거라고 외칠 줄 알았는데, 아이들은 무슨 생각을 하는지 뜸을 들였다.

"일단 탄소화폐를 나누자. 한결이가 환경 골든벨 대회에서 문제를 가장 많이 맞혔으니까 2만 원 갖고 태양이랑 나랑 1만 원씩 갖는 게 어때?"

"아냐, 가람이 이모도 있잖아. 넷이 똑같이 1만 원씩 나누자."

한결이가 어른스럽게 말하자 가람이와 태양이가 놀란 눈

으로 한결이를 쳐다보았다. 친구지만 마냥 철부지 같았던 한결이가 캠프 5일 만에 훌쩍 자란 것 같았다.

"나누는 건 좋은데 우리 이모는 한 게 없어서 좀 아깝다."

가람이가 장난 가득한 얼굴로 말하자 이모가 발끈했다.

"치사하다~. 같은 조인데 이렇게 차별해도 되는 거야? 탄소 장터에서 나도 사고 싶은 거 있는데 좀 주라. 아니면 꿔 주든가."

"그래, 꿔 줄게요. 이자 쳐서 갚아요."

　가람이는 실실 웃으며 탄소화폐 1만 원을 이모에게 선선히 내밀었다.
　마을회관 마당 한편에 탄소 장터가 열렸다. 장터에는 양파, 고사리, 산나물, 고춧가루, 배추, 온갖 곡식 등 시골 사람들이 직접 기른 친환경 농산물이 가득했다.
　캠프 참가자들은 5일간 모았던 탄소화폐를 마음껏 썼다. 에너지를 절약해서 얻은 탄소화폐를 친환경 농산물을 사는 데 쓰니 다들 뿌듯한 표정이었다.

가람이와 태양이, 한결이는 할머니가 내놓은 고사리를 제일 먼저 샀다. 오늘 저녁 식탁에 오를 맛있는 고사리나물을 생각하니 군침이 절로 돌았다.

시골에서 난 농산물을 사고 짐을 정리하고 사람들이 하나 둘 버스에 올랐다. 사람들 모두 아쉬운지 버스 창문을 열고 마을을 한참 동안 둘러보았다.

마지막 사람까지 오르자 버스는 곧 출발했다. 문을 열고 고개를 내밀어 손으로 바람을 맞던 아이들도 아쉬움을 뒤로 하고 자세를 바로잡았다.

버스는 캠프에 올 때처럼 텔레비전이 켜져 있었다. 가람이는 텔레비전 때문에 자기가 자전거 발전기를 돌리는 것만 같아 불편했다.

"기사님, 텔레비전 끄면 안 될까요?"

"다른 사람들 보잖니."

뒷거울로 힐끔 가람이를 보던 버스 기사가 짧게 대꾸했다. 가람이는 주눅이 들어 더 이상 말을 하지 못했다.

"버스 기사님, 저희는 괜찮아요. 보는 사람도 없는 것 같은데요."

어떤 아주머니가 주위를 둘러보며 동의하냐는 눈빛을 보냈다.

"네, 꺼도 괜찮습니다."

여러 사람들이 거들자 버스 기사는 텔레비전을 껐다.

"손님들 보라고 틀어 놓은 거니 안 보면 꺼도 되죠. 근데 다들 창문을 열어 두셨네. 에어컨 안 켜도 돼요? 더운 사람 없어요?"

버스 기사가 목소리를 높였다.

"예, 괜찮습니다."

사람들이 이구동성으로 합창을 했다. 버스 기사도 창문을 활짝 열고 바람을 맞았다.

"서울까지 가는 버스가 배출하는 탄소발자국은 얼마나 될까?"

문득 태양이가 물었다. 세 아이들은 탄소발자국 양을 계산하느라 수선스러웠다. 이모는 아이들을 바라보며 흡족한 미소를 지었다.

"가람이는 기후학자, 태양이는 동물 박사가 될 거라고 했지? 이제 나도 정했어. 나는 녹색 직업인이 될래."

한결이가 쑥스럽게 자신의 꿈을 밝혔다.

"녹색 직업도 종류가 많잖아. 뭐 할 건데?"

"잘은 모르지만, 분명한 건 도깨비 아저씨 같은 사람이야."

한결이의 대답에 가람이와 태양이가 잘 모르겠다는 듯 고개를 갸웃거렸다.

"도깨비 아저씨, 아니 박사님이 그러는데 나는 자연을 사랑하는 마음이 있어서 녹색 직업인이 될 자질은 충분하대. 난 공부 못해서 걱정이라고 하니까 박사님이 환경 책을 읽고, 환경에 관심만 있으면 하고 싶은 공부가 분명히 생긴대. 미국에서 '지구 2000'이라는 환경 단체를 만들어 이끌고 있는 '대니 서(Danny Seo)'라는 우리나라 교포 2세가 있는데, 고등학교 때 성적이 183명 중에 181등을 할 정도로 공부를 잘 못했대. 그런데도 세계에서 가장 아름다운 사람 50명에 뽑힐 정도로 유명한 사람이 되었다는 거야. 나도 꼭 멋진 녹색 직업인이 될 거야."

꿈을 정한 한결이의 얼굴은 무척 진지해 보였다.

"하여튼 나는 도깨비 아저씨 마음에 안 들어. 이모, 도깨비 아저씨랑 절대 어울리지 마요!"

한결이가 도깨비 아저씨 이야기를 꺼내자 가람이는 이모에게 화살을 돌렸다.

졸려서 눈을 끔뻑거리던 이모가 픽 웃었다.

"이 녀석아, 도깨비 아저씨가 아니고 박사님이잖아."

"혹시 이모! 박사님이라고 마음이 달라진 거예요? 아무리 박사님이라도 난 절대 반대라고요!"

"걱정 마, 연락처도 모르니까."

"제가 연락처 알아요!"

한결이가 불쑥 끼어들면서 목소리를 높이자 가람이가 열을 냈다.

"안 돼! 나는 그런 이모부 싫어."

가람이가 열을 올리자 그 모습을 지켜보던 다른 아이들이 낄낄대며 웃었다. 함께 웃고 있던 선생님이 일어나 마이크를 잡았다.

"가람아, 이모 대신 내가 박사님과 만날까?"

"네, 좋아요!"

가람이 신 나서 큰 소리로 대답하자 버스 안은 다시 한바탕 웃음꽃을 피웠다.

웃음소리가 잦아들자 선생님은 말을 이었다.

"여러분들은 5일 간의 어린이 녹색 캠프를 통해 저탄소 생활이 얼마나 소중한 것인가를 알았을 거예요. 이제 저탄소 생활에서 필수인 에너지 절약에 대해 알아보겠어요. 그리고 모두 함께 탄소 중립을 실천하기 위한 '환경협약서'를 정하고 선포하는 시간을 갖겠습니다."

각자의 에코노트에 자신이 직접 실천할 수 있는 에너지 절약 방법을 써 내려갔다. 가람이, 한결이, 태양이도 각자가 쓴 목록을 정리해서 10가지의 '환경협약서'를 만들었다.

"지금까지 각 조별로 만든 환경협약서를 발표하는 시간을 갖겠습니다."

선생님의 사회로 조별 발표가 시작되었다. 조마다 새로운 아이디어를 내느라 고생한 흔적이 역력했다. 어떤 것들은 너무 허무맹랑한 것도 있었지만, 실천이 가능한 것들도 많았다. 역시 여럿이 생각하는 것이 혼자 생각하는 것보다 나았다.

"그럼 지금까지 조별로 발표한 내용 중에서 다시 10가지를 골라 환경협약서를 만들겠습니다. 첫 번째 실천 항목으로 어떤 것이 좋은지 말해 볼까요?"

한결이가 가장 먼저 손을 번쩍 들었다.

"거의 모든 조에서 나온 내용인데, '쓰지 않는 가전제품의 플러그를 뽑자'로 정하면 어떨까요? 이것은 누구나 어디서나 실천할 수 있는 내용이기 때문입니다."

"텔레비전, 오디오 등은 자체 스위치를 꺼도 플러그를 빼지 않으면 한 대당 1시간에 약 5와트의 전기가 소모된다고 합니다. 만약 플러그를 빼면 한 가정당 8개 정도의 가전제품이 있다고 하고, 하루 4시간, 전국의 약 1300만 가구와 1년 365일을 계산하면 돈으로 760억 원을 절약할 수 있다고 합니다."

선생님의 말에 다들 놀라는 분위기였다. 그리고 그 내용을 첫째 항목으로 하는 것에 아무도 이의가 없었다.

"둘째 항목은 '냉장고 문을 되도록 적게 여닫자'로 했으면 합니다. 저도 학교 갔다 오면 12번도 더 냉장고 문을 여닫는데, 그만큼 전기가 낭비될 것 같습니다."

가람이가 말하자 태양이가 손을 들었다.

"저도 그 의견에 적극 찬성합니다. 실제로 냉장고 문을 자주 열면 냉장고 안의 찬 공기가 빠져나가고 그만큼 더운 공기가 들어가게 됩니다. 냉장고는 다시 온도를 낮추기 위해 많은 양의 전기를 쓰게 될 것입니다."

"가람이와 태양이가 좋은 말을 해주었네요. 보통 가정에서 하루에 24회나 냉장고를 여닫는다고 합니다. 우리나라 1300만 가구가 1년 동안 하루 4번만 줄여도 약 64억 원을 절약할 수 있습니다. 그럼 이의 없으면 두 번째 항목은 '냉장고 문을 자주 여닫지 말자'로 정하겠습니다."

선생님의 말에 버스에 있던 아이들은 모두 고개를 끄덕였다.

"셋째 항목은 '고기보다 채소를 즐겨 먹자'로 하면 좋겠습니다."

한결이가 또 의견을 냈다.

"한결이는 고기를 좋아하면서 왜 그 항목을 선택했나요?"

"고기를 얻기 위해서는 많은 에너지가 들어갑니다. 그리고 외국에서 고기를 수입해 들어오면 그만큼 이산화탄소도 많이 발생하고요."

"한결이가 아주 좋은 의견을 냈습니다. 다른 분들은 어떻게 생각하나요?"

모두들 공감한다는 듯이 고개를 끄덕였다.

"넷째 항목은 '자전거를 타자'로 했으면 좋겠습니다. 요즘 게임을 하지 않는 아이들은 거의 없습니다. 모두 겪어 보셨겠지만 게임은 하면 할수록 더 하고 싶습니다. 그래서 저는 이번에 집에 가면 게임을 아예 하지 않고 그 대신 자전거를 매일 타려고 합니다."

게임을 좋아하는 태양이가 말하자 가람이와 한결이가 놀라는 표정을 지었다. 정말 실천할지 의심하는 눈초리였다.

"게임을 좋아하는 태양이도 실천하겠다는데 다른 사람들도 모두 실천해야겠지요?"

선생님의 말에 모두가 '네' 하고 대답했다.

버스가 집으로 향하는 동안 다섯째 항목부터 열째 항목까지도 정해졌다. 그리고 선생님의 목소리에 따라 모두 큰 소리로 탄소 중립을 실천하기 위한 환경협약서를 낭독했다.

캠프에 참가했던 아이들은 '파리기후협약'이 채택돼서 많은 나라들이 온실가스 감축에 동참하는 것처럼 자신들이 정한 '탄소 중립을 위한 환경협약서'를 모든 학생들이 실천한다면 지구 곳곳에 새겨진 탄소발자국이 하나둘 지워지고 위기에 빠진 지구도 구할 수 있을 것입니다.

탄소 중립을 위한 환경협약서

첫째, 쓰지 않는 가전제품의 플러그를 뽑자.
둘째, 냉장고 문을 되도록 적게 여닫자.
셋째, 고기보다 채소를 즐겨 먹자.
넷째, 자전거를 타자.
다섯째, 나무를 심고 가꾸자.
여섯째, 꼭 보아야 할 텔레비전 프로그램만 보자.
일곱째, 학용품을 아껴 쓰자.
여덟째, 양치질할 때는 컵에 물을 받아서 하자.
아홉째, 샤워는 짧게 하자.
열째, 불필요한 전구는 끄자.

궁금한 지구환경 이야기를 알기 쉽게 풀어보는

지구환경 탐구생활

고기를 많이 먹으면 지구가 더워진다구요?

　사람들의 식습관이 바뀌면서 우리나라 국민 한 사람이 1년 동안 먹는 고기의 양이 2000년 36킬로그램에서 2018년 57킬로그램으로 늘었습니다. 이렇게 사람들이 고기와 우유, 치즈 같은 유제품을 많이 찾다 보니 목축업이 발달해 소, 양을 많이 키우게 되었지요.

　그런데 가축을 키우기 위해서는 넓은 땅과 많은 물이 필요한데, 채소를 기르는 것보다 10배나 많은 에너지를 소비하게 됩니다. 예를 들어 밀 1킬로그램을 생산하기 위해서는 750리터의 물이 필요하지만, 같은 양의 소고기를 얻으려면 10만 리터의 물을 필요로 합니다. 무려 130배가 넘는 엄청난 양이지요. 또한 1킬로그램의 소고기를 얻기 위해서 10킬로그램의 곡식을 소한테 먹여야 합니다. 그렇게 많은 곡식을 생산하기 위해서는 먼저 숲이나 들에 난 나무를 베어 광활한 논밭을 만들어야 하고, 곡식을 키우기 위해 많은 양의 농약과 비료를 주어야 합니다. 그뿐만 아니라 소를 잡고 소고기를 포장하기 위해 공장을 돌려야 하고, 그만큼의 에너지를 소비해야 하지요.

　목축업의 또 다른 문제점은 가축들이 되새김질을 하면서

내보내는 메탄가스입니다. 메탄은 대기오염을 일으키는 데 한몫을 합니다. 지구 상에는 약 13억 마리의 소가 한 마리당 하루에 200그램 정도의 메탄을 내보내고 있습니다. 이처럼 많은 가축들이 내뿜는 메탄의 양은 자동차나 비행기가 내뿜는 유해 가스들보다 결코 적다고 할 수 없지요.

이렇듯 우리가 먹는 고기가 식탁에 오르기까지 엄청난 양의 탄소를 배출하게 되고 그로인해 지구의 온도는 올라갑니다. 고기를 먹을 때마다 나무가 쓰러지고 공기가 오염되고 지구가 더워지는 것을 생각한다면, 고기를 지나치게 좋아해서는 안되겠지요?

지구를 살리는 식습관에는 무엇이 있나요?

첫째, 고기를 덜 먹고, 채소를 더 먹어 보세요.
건강에도 좋고, 가축이 내뿜는 메탄의 양을 줄일 수 있답니다.

둘째, 음식을 남기지 마세요.
음식 쓰레기는 토양과 지하수를 오염시키고, 음식 쓰레기를 처리하는 과정에서 많은 이산화탄소가 나옵니다. 음식 쓰레기를 줄이면 환경이 깨끗해져요.

셋째, 가까운 지역에서 나는 농산물을 먹어요.

　수입되는 농산물은 우리 식탁에 오르기까지 수천 킬로미터를 이동하면서 많은 이산화탄소를 내뿜어요. 최대한 가까운 지역에서 나는 농산물을 사서 먹는다면 그만큼 이산화탄소는 줄어들겠지요?

넷째, 제철 음식을 먹어요.

　여름 과일을 겨울에 먹으려면 비닐하우스에 보일러를 켜서 온도를 유지해서 키워야 합니다. 그러면 당연히 탄소 발생량이 늘겠지요?

다섯째, 친환경 농산물을 먹어요.

　친환경 농산물은 농약과 화학비료를 사용하지 않아서 안심하고 먹을 수 있습니다. 자연에서 재배했기 때문에 영양과 맛도 좋아서, 몸에도 좋고 환경에도 좋지요.

여섯째, 환경을 위한 대체 식품을 먹어요.

　식물성 단백질인 콩, 두부 같은 음식으로 고기에서 얻는 단백질을 대신할 수 있습니다. 부족한 단백질도 채우고 환

경도 살려 보세요.

지구온난화의 주범은 누구일까요?

지구의 기온이 올라가는 것을 지구온난화라고 합니다. 지구온난화는 기후를 변화시키고, 사람들의 생활에도 심각한 영향을 미치기 때문에 문제가 심각하지요.

그렇다면 지구온난화를 일으키는 주범은 누구일까요?

지구온난화의 범인을 찾기는 생각보다 쉽지 않습니다. 왜냐하면 지구가 더워지는 이유에는 여러 가지가 있기 때문입니다.

오래전부터 과학자들은 지구의 기온에 영향을 미치는 것이 무엇일까 연구하기 시작했고, 마침내 기온과 대기 중의 온실가스가 서로 연관이 있다는 것을 밝혀냈습니다.

대기는 지구를 둘러싸고 있는 얇은 막입니다. 지구를 자몽에 비유하면 대기는 자몽의 껍질 정도로 매우 얇지요. 이 대기는 질소(약 78퍼센트), 산소(약 21퍼센트) 등의 기체가 대부분을 차지하고 있습니다. 나머지 1퍼센트도 채 안 되는 공간을 이산화탄소, 메탄, 일산화탄소, 아산화질소, 염화불화탄소, 오존, 수증기 등이 차지하고 있는데, 이 기체들이 거대

한 지구의 기온을 좌우한다는 것이 쉽게 믿어지지 않을 거예요. 그래서 좀 더 자세한 설명이 필요합니다.

　태양은 에너지를 포함한 거대한 태양 광선을 내보냅니다. 지구는 이 태양 에너지의 일부를 흡수하고, 나머지는 지구 밖으로 내보냅니다. 즉, 지구에 들어오는 태양 에너지를 100이라고 할 때 30은 지구 밖으로 반사되고, 대기에서 20, 땅에서 50을 흡수합니다. 그리고 시간이 지나면 대기와 땅에서 흡수한 70의 에너지들도 점차 지구 밖으로 날아가게 됩니다. 그런데도 지구가 춥지 않은 이유는 대기 중의 온실가스가 지구 밖으로 날아가는 에너지를 붙잡아 두기 때문입니다. 그 덕분에 지구는 생물이 살기 좋은 평균 15도를 유지할 수 있는 것이지요. 만약 대기 중에 온실가스가 전혀 없다면 지구의 평균 온도는 영하 18도 정도로 매우 추워질 것입니다. 이렇게 보면 온실가스는 지구 생명체들의 은인이라고 할 수 있지요.

　그런데 왜 과학자들은 온실가스를 문제 삼는 것일까요? 아무리 맛있는 음식이라도 지나치게 많이 먹으면 탈이 나는 것처럼 온실가스가 너무 많아져서 지구의 온도가 점점 높아져 가고 있기 때문입니다. 실제로 대기가 온통 이산화탄소로

가득한 금성은 표면 온도가 무려 420도에 이릅니다.

　그러면 대기 중의 온실가스 양이 점점 많아지는 이유는 무엇일까요? 바로 산업이 발달하면서 사람들이 석탄이나 석유, 가스 같은 화석연료를 너무 많이 사용하고, 나무를 함부로 베어 냈기 때문입니다. 공장의 매연과 자동차의 배기가스로 대기 중의 온실가스 양은 급격히 늘어난 반면, 온실가스를 흡수하는 데 결정적인 역할을 하는 숲은 줄어들었기 때문이지요. 결국 지구에 넘쳐 나는 온실가스는 지구 밖으로 나가야 하는 열까지도 지구 안에 머물게 해 지구를 점점 덥게 만든 것이지요.

　그렇다면 온실가스 중에서 누가 지구온난화의 주범이라고 할 수 있을까요?

　50여 년 전, 미국의 어느 과학자는 대기 중의 이산화탄소 양을 몇 년 동안 매일 측정하기 시작했고, 해마다 그 양이 증가한다는 것을 알아냈습니다. 그리고 다른 과학자들과 함께 이산화탄소 양이 증가하는 것과 비례해서 지구의 평균 기온이 오르고 있다는 놀라운 사실을 발견했지요. 결국 지구온난화의 주범은 이산화탄소라는 것이 밝혀진 셈입니다. 하지만 주범이라고 해서 혼자 일을 저지르지는 않습니다. 수증

기 없이 이산화탄소만으로 지구온난화를 일으키기는 어렵습니다. 공기는 지구 온도가 높아지면 더 많은 수증기를 가지게 됩니다. 따라서 지구온난화로 지구 온도가 올라가면 공기 중에는 더 많은 수증기가 생깁니다. 그리고 이 수증기 때문에 온실효과는 더 크게 나타나고, 지구 온도는 더 올라가게 됩니다. 결국 지구온난화는 이산화탄소와 수증기의 공동 작품이라고 할 수 있지요.

온실가스에 대해 좀 더 자세히 알아볼까요?

온실가스는 종류가 참 많습니다. 수증기를 포함해 이산화탄소, 메탄, 아산화질소, 염화불화탄소, 수소불화탄소, 오존, 과불화탄소, 육불화황 등이 그것입니다. 그중에서 대표적인 몇 가지를 알아보면 다음과 같습니다.

이산화탄소는 온실가스의 60퍼센트를 차지합니다. 산업 활동에서 석탄, 석유, 가스를 사용할 때 주로 발생하고, 산을 깎아 내면서 나무를 베어 낼 때도 숲에 저장되어 있던 이산화탄소가 나오기도 합니다. 이산화탄소의 85퍼센트는 차를 몰거나 텔레비전을 보는 등 주로 사람들의 활동에서 나오고, 나머지는 산림 훼손으로 발생합니다.

메탄은 온실가스의 15~20퍼센트를 차지합니다. 가축의 되새김, 축산 농가에서 쓰레기를 버리거나 처리할 때에 많이 나옵니다.

아산화질소는 양은 적지만, 온실효과가 이산화탄소보다 300배가 넘으며, 대기 중 수명도 170년 정도나 되는 독한 온실가스입니다. 주로 농업의 비료나 산업에서 화학약품을 만들 때 발생합니다.

염화불화탄소, 수소불화탄소, 육불화황은 자동차, 냉장고의 냉매 및 반도체 생산 과정에서 주로 발생되는 온실가스로, 대기 중에 매우 적은 양으로 존재하며 측정하기도 매우 어렵습니다.

온실가스를 줄이기 위해 국제 사회는 어떤 노력을 하고 있나요?

산업혁명 이후 화석연료를 사용하기 시작하면서 프랑스, 독일, 캐나다, 미국 같은 나라들은 발 빠르게 공장을 만들고, 차를 만들고, 전기나 전화 등을 발명해 지금과 같은 선진국이 되었지만, 그만큼 많은 이산화탄소를 뿜어냈습니다.

선진국인 캐나다의 한 사람은 아프리카의 한 사람보다 60

배나 많은 온실가스를 만들어 내고 있습니다. 지구온난화는 마치 몇 명의 아이가 떠들었는데 반 아이 모두가 벌을 받는 것과 같지요. 여전히 지구의 기온은 올라가고 있고, 지구온난화는 지구촌의 문제가 되었습니다. 그래서 여러 나라들이 모여 기후 협약을 맺지요.

그렇다면 어떤 기후 협약들이 있으며, 잘 지켜 나가고 있는지 살펴볼까요?

♣ 리우환경협약

1992년 브라질 리우에 모여서 지구온난화를 일으키는 화석연료 사용을 제한하자고 정했습니다.

♣ 교토의정서

1997년 일본 교토에서 온실가스를 내뿜는 선진국 38개 나라는 2010년까지 이산화탄소 배출량을 5.2퍼센트 줄이기로 했습니다. 교토의정서는 말만 앞세우는 것이 아니라 석탄, 석유의 사용을 줄여서 온실가스 감축을 유도하는 구체적 방법을 마련했다는 데에 큰 의의가 있습니다. 그런데 전 세계 이산화탄소 배출량의 28퍼센트를 차지하는 미국은 자기 나

라의 산업을 보호한다는 이유로 2001년에 탈퇴했습니다.

♣ 파리기후협약

2015년 12월 프랑스 파리에서 열린 제21차 유엔기후변화협약 당사국 총회에서 195개 당사국이 채택한 협정으로 2100년까지 전지구 평균 지표기온 상승을 산업혁명 이전 대비 2℃ 이상 상승하지 않도록 온실가스 배출량을 단계적으로 감축하기로 한 최초의 세계적 기후 합의입니다.

지구를 살리는 신재생 에너지에는 무엇이 있나요?

산업이 발전하면서 환경오염이 일어나고, 인구는 계속 늘어나면서 식량, 석유, 물 같은 자원이 부족해지고 있습니다. 국제에너지기구에 따르면 2030년경에는 전 세계 에너지 사용량이 지금보다 2배 늘어날 것이며, 그에 따라 화석연료가 80퍼센트 이상 쓰일 것이라고 합니다. 그러면 석유값이 올라가고 사람들의 살림이 힘들어질 것이며, 온실가스도 계속 증가해 지구온난화는 더욱 심각해질 것이라고 합니다.

이러한 때에 화석연료를 대체하는 신재생 에너지가 새롭

게 주목받고 있습니다. 신재생 에너지는 신(新) 에너지와 재생 에너지를 합쳐 부르는 말로, 신 에너지에는 연료전지 등이 있고, 재생 에너지에는 태양열, 태양광, 풍력, 지열, 수력, 바이오매스 등이 있습니다. 기존 화석연료를 변환하여 이용하거나 무한한 자연을 이용해 에너지를 얻을 수 있는 신재생 에너지는 우리가 필요한 에너지를 넉넉하게 채워 줄 수 있고, 탄소발자국을 최대한 줄이는 효과도 줄 수 있습니다.

그렇다면 신재생 에너지에는 무엇이 있는지 알아볼까요?

♣ 태양 에너지

태양은 2분마다 우리가 1년 동안 사용할 수 있는 에너지를 줍니다. 태양 에너지 장치로는 태양열을 모으는 집열기와 빛을 모으는 태양광 전지가 있습니다. 하지만 집열기는 자리를 많이 차지하고, 태양광 전지는 값이 비싸서 더 많은 연구를 통해 개선하고 있습니다.

♣ 풍력 에너지

바람의 힘에서 얻는 에너지입니다. 대표적인 풍력 발전기는 철탑에 달린 날개 같은 프로펠러가 바람을 맞아 돌아가

면서 전기를 일으키는데, 전 세계 약 5000만 명이 쓸 수 있는 전기를 만들어 줍니다. 하지만 바람이 불어야만 얻을 수 있어서 에너지 공급이 항상 원활하지 않습니다. 그래서 요즘에는 작은 터빈(흐르는 물, 증기, 가스 등의 힘으로 회전하는 원동기)을 이용해 집 안에서 전기를 충전해서 쓸 수 있도록 했는데, 전기 사용료를 3분의 1이나 절약할 수 있다고 합니다.

♣ 지열 에너지

땅속에 있는 열에서 얻는 에너지입니다. 땅속 깊숙이 파이프를 묻어 땅이 흡수한 열을 에너지로 바꿀 수 있습니다. 현재 뜨거운 지열을 이용한 온천이 많이 있고, 가정이나 건물의 난방에 사용되고 있으며, 반대의 과정을 거쳐 냉방을 할 수도 있습니다.

♣ 수력 에너지

폭포나 강물의 흐름에서 얻는 에너지입니다. 현재 사용되고 있는 재생 에너지 중에서 63퍼센트를 차지하고 있습니다. 오염은 없지만 수력 에너지를 얻기 위해서 만든 댐이 물고기가 다니는 길을 막고, 안개가 끼는 등 생태계를 어지럽

히고 있어서 오늘날에는 점점 덜 사용하고 있습니다.

♣ 바이오매스 에너지

식물이나 세균, 효모 같은 미생물, 동물의 배설물, 곡식의 껍질들을 에너지 자원으로 이용하는 것입니다. 지구 상에서 1년간 생산되는 바이오매스는 석유의 전체 매장량과 비슷해서 없어질 염려가 없고, 자연에 피해를 주지 않는다는 장점을 가지고 있습니다. 실제로 브라질에서 차량의 70퍼센트가 사탕수수를 이용하고 있을 정도로 바이오매스 에너지는 일반적으로 쓰이고 있습니다.

♣ 연료전지

수소와 산소의 화학 반응으로 생기는 화학 에너지를 전기 에너지로 만드는 것입니다. 연료전지는 화학연료를 다시 사용할 수 있으며, 도시나 자동차에도 설치할 수 있는 등 많은 장점을 가지고 있습니다.

탄소발자국을 왜 줄여야 할까요?

눈길을 걷다 보면 눈 위에 발자국이 생기는 것처럼, 우리

가 살아가면서 내보내는 이산화탄소의 흔적을 탄소발자국이라고 합니다. 즉, 탄소발자국은 사람의 활동이나 물건을 만들어서 사용하고 폐기할 때까지의 모든 과정에서 직·간접으로 사용된 이산화탄소의 양을 말합니다. 탄소발자국은 보통 무게 단위로 나타내며, 그만큼의 이산화탄소를 없애는 데 필요한 나무 수로도 표시합니다.

 이산화탄소가 증가하면서 지구온난화가 심각해졌다는 사실을 다들 알고 있지요? 그러므로 우리는 탄소발자국을 줄이기 위해 노력해야 합니다.

 그런데 탄소발자국을 줄이는 일은 쉽지 않습니다. 무더운 여름에 에어컨을 사용하지 않아야 하고, 힘들더라도 몇 층 정도는 엘리베이터를 타지 않고 계단으로 걸어 다녀야 합니다. 일회용품 대신 닦아서 계속 쓸 수 있는 용품을 사용하고, 다소 낡은 물건이라도 수명이 다할 때까지 사용해 쓰레기를 줄여야 하지요. 또한 텔레비전 시청과 컴퓨터 게임도 덜 해야 하고, 자가용 대신 대중교통을 이용할 수 있어야 합니다.

 지구온난화를 막기 위해서는 탄소 중립을 실천해야 합니다. 탄소 중립은 에너지를 많이 소비하며 편하게 사는 방식에서, 다소 불편하지만 이산화탄소를 줄이며 사는 방식으로

생활을 바꾸는 것입니다. 분명 힘들지만 탄소 중립을 잘 실천하면 지구는 지금보다 훨씬 건강한 별이 될 수 있습니다.

지금 우리가 살고 있는 지구는 우리 후손들이 물려받아 살아야 할 터전입니다. 그러므로 우리가 남긴 탄소발자국으로 더 이상 지구가 병들지 않도록 탄소 중립을 실천해 나가야 합니다.

지구와 함께하는 녹색 직업에는 무엇이 있나요?

♣ 도시 농업인

도시에서 살다가 시골로 내려가 농사를 짓는 사람들을 말합니다. 친환경 농산물을 재배하면서 환경을 살리지요.

♣ 그린 디자이너

물건을 설계하고 만들고 버리는 과정에서 환경 파괴가 일어나지 않도록 디자인을 합니다.

♣ 생태 건축가

환경을 생각하며 건물을 짓는 건축가입니다. 천연 재료를

사용해 건축하기 때문에 산업 폐기물을 줄이는 역할을 하지요.

♣ 환경 컨설턴트
환경 문제에 대한 기술이나 정책 등에 참고가 되는 자료들을 알려 주고, 좋은 의견을 건의하는 등 환경과 관련된 다양한 일을 합니다.

♣ 대체 에너지 개발 연구원
태양열, 태양광, 지열, 바이오매스 등의 대체 에너지를 연구하고 개발합니다

♣ 환경 영향 평가 기술자
여러 분야에서 이루어지는 개발이 자연환경을 보전하는 데 적합한지 분석하고 검토합니다.

에코노트 만들기

만드는 이유
일상생활에서 쉽게 버리는 이면지로 에코노트를 직접 만들어 사용함으로써 자원의 소중함을 배울 수 있다.

준비물
이면지(필요한 양만큼), 펀치, 앞·뒤표지용 두꺼운 종이, 끈 등

기타 참고사항
❶ 이면지를 접을 때 종이 모서리를 잘 맞도록 해야 나중에 보기가 좋다.
❷ 끈을 묶는 방법에는 여러 가지가 있을 수 있으므로 적당한 방법을 선택한다.

만드는 법

❶ 준비한 이면지를 사용한 면이 안으로 가도록 반으로 접는다.

❷ 벌어진 쪽을 기준으로 해 구멍 뚫을 위치를 표시한다.

❸ 표시한 부분에 맞춰 펀치로 구멍을 뚫는다.

④ 표지로 쓸 두꺼운
   종이에도 구멍을 뚫고,
   이면지 여러 장과
   표지를 정리한 다음
   끈으로 엮는다.

⑤ 엮은 끈을
   잘 묶어 마무리한다.

⑥ 표지를 예쁘게 꾸민 다음
   이름을 쓴다.

에코가방 만들기

만드는 이유
식물의 잎을 따서 가방에 무늬를 만들어 보는 활동을 통해 자연이 우리에게 주는 이로움을 깨닫고, 친환경적인 생활을 경험할 수 있다.

준비물
무늬 없는 천 가방, 나뭇잎, 잉크, 판화용 롤러, 신문지 등

기타 참고사항
❶ 되도록 잎이 크고, 잎맥이 분명한 나뭇잎을 고른다.
❷ 학교에서 보조 가방으로 사용하고 싶다면 실로 자기 이름을 새겨도 좋다.

만드는 법

❶ 만들기 전에 모양이 예쁜 나뭇잎을 여러 장 준비한다.

❷ 나뭇잎을 골라 천 가방에 새길 무늬를 구상해 본다.

❸ 판화용 롤러에 잉크를 묻혀 나뭇잎에 펴 바른다.

❹ 잉크를 묻힌 나뭇잎을 구상한 대로 천 가방 위에 올리고, 신문지를 덮은 다음 다리미로 누른다

❺ 신문지를 걷고 천 가방에서 나뭇잎을 떼어 낸다.

❻ 잉크를 잘 말리면 멋진 에코가방이 완성된다.

태양열 오븐기 만들기

만드는 이유
　무한한 태양 에너지를 모아 음식을 만들어 먹음으로써 태양 에너지의 효율성을 이해하고, 대체 에너지에 대해 관심을 가지게 된다.

준비물
　4절 하드보드지 4장, 스티로폼 상자, 은박지, 아크릴판, 칼, 자, 각도기, 스프레이 접착제, 글루건, 접착테이프 등

기타 참고사항
❶ 거울 역할을 하는 은박지는 빛을 반사시켜 스티로폼 상자에 빛을 모아 준다. 모인 빛은 열로 바뀌는데, 스티로폼 상자 안에 넣는 용기를 검은색으로 하면 좀 더 효과적으로 열을 모을 수 있다.
❷ 태양열 오븐기에서 가장 중요한 것은 최대한 많은 햇빛을 받는것과 모은 열이 새지 않도록 하는 것이다.
❸ 스티로폼 상자 안쪽에 은박지를 붙일 때 스티로폼 상자 밖으로 은박지가 나오지 않도록 주의한다. 은박지를 이루고

있는 알루미늄은 열전도성(물질에 열을 가할 때, 그 열이 물질 속의 온도가 높은 부분에서 온도가 낮은 부분으로 흐르는 성질)이 높아서, 은박지가 스티로폼 상자 밖으로 나오면 열이 밖으로 빠져나가기 때문이다.

④ 태양열 오븐기의 설치는 정오를 기준으로 한다. 정오에 가장 많은 햇빛이 들어올 뿐만 아니라 태양열 오븐기는 입사각(빛이 들어오는 각도)이 60도를 넘으면 상자 안으로 들어오는 빛의 양이 급격히 떨어지기 때문이다.

⑤ 태양열 오븐기로 조리할 음식은 계란이나 작은 감자가 좋다.

⑥ 태양열 오븐기 안에서 태양열을 받은 용기는 온도가 꽤 높은 편이므로 조심해야 한다.

⑦ 용기와 스티로폼 상자 사이에 종이나 나무 등을 두어 뜨거운 용기 때문에 스티로폼 상자가 녹아내리지 않도록 한다.

만드는 법

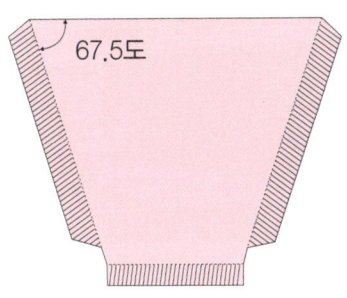

① 4절 하드보드지에 윗변의 각도가 67.5도 67.5도가 되도록 사다리꼴 모양으로 반사판을 그린다. 이때 양옆과 아래 부분에 접착을 위해 적당한 너비로 날개를 만들어 준다.

② 하드보드지에 그린 반사판을 칼로 자른다. 같은 방법으로 반사판을 총 4개 만든다.

③ 스티로폼 상자 뚜껑을 테두리만 남기고 오려 낸 다음, 아크릴판을 붙인다. 아크릴판을 붙일 때 글루건을 사용해서 스티로폼 상자 안쪽의 열기가 새지 않도록 한다.

❹ 스티로폼 상자 안쪽에 스프레이 접착제로 은박지를 붙인다.

❺ 하드보드지 반사판 안쪽에 스스프레이 접착제로 은박지를 붙이고, 4개의 반사판을 연결해 붙인다.

❻ 스티로폼 상자 뚜껑과 하드보드지 반사판을 서로 연결해 접착테이프로 붙인다. 반사판이 연결된 스티로폼 상자 뚜껑으로 스티로폼 박스를 닫으면 완성이다.